谨以此书纪念

裴文中院士

诞辰 120 周年

"燕园聚珍"系列丛书

裴文中捐赠石器选粹

北京大学藏

PEKING UNIVERSITY
COLLECTION OF
STONE ARTEFACTS
DONATED BY
WENZHONG PEI

北京大学考古文博学院
北京大学赛克勒考古与艺术博物馆 编

文物出版社

图书在版编目（CIP）数据

北京大学藏裴文中捐赠石器选粹 / 北京大学考古文博学院，北京大学赛克勒考古与艺术博物馆编. -- 北京：文物出版社，2024. 12. --（"燕园聚珍"系列丛书 / 沈睿文主编）. -- ISBN 978-7-5010-8606-1

Ⅰ. K866.22

中国国家版本馆CIP数据核字第2024NX7938号

北京大学藏裴文中捐赠石器选粹

编　　者　北京大学考古文博学院
　　　　　北京大学赛克勒考古与艺术博物馆

责任编辑　谷　雨　李　飏
摄　　影　刘小放
责任印制　王　芳

出版发行　文物出版社
社　　址　北京市东城区东直门内北小街2号楼
邮政编码　100007
网　　址　http://www.wenwu.com
邮　　箱　wenwu1957@126.com
经　　销　新华书店
制版印刷　天津裕同印刷有限公司
开　　本　889mm×1194mm　1/16
印　　张　23.25
版　　次　2024年12月第1版
印　　次　2024年12月第1次印刷
书　　号　ISBN 978-7-5010-8606-1
定　　价　680.00元

总　序

　　北京大学赛克勒考古与艺术博物馆坐落于北京大学鸣鹤园内，1993年5月27日正式开馆，是中国高校中第一座现代化的考古专题博物馆。

　　本馆有藏品13000余件，其中多为中国考古学各时期的典型标本，与田野考古实习密切相关，体现出其配合考古教学的初衷。本馆收藏始于20世纪20年代，主要有五个来源：（一）北京大学1952年之前文科研究所古器物整理室和北京大学博物馆的藏品；（二）前燕京大学史前历史博物馆的藏品；（三）1952年以后北京大学考古专业师生历年从田野考古工作地点带回的教学标本；（四）本馆筹备期间各地文物、考古机构和博物馆赠送或调拨的展品；（五）海内外文物收藏家、学者、社会友人的捐赠，如裴文中先生、唐纳德·斯通（Donald David Stone）教授的捐赠。这些藏品包括周口店北京猿人石器，新石器时代不同考古学文化的代表性器物，商代甲骨，山西曲沃晋侯墓地出土的铜器、玉器等，还有陶瓷器、钱币、封泥和拓片、书画等。除了成体系的教学标本之外，需要特别提到的是，因唐纳德·斯通教授的捐赠，本馆拥有目前国内最完整的西方版画收藏体系。上述收藏使得本馆成为名副其实的"考古与艺术"博物馆。

　　本馆一直积极致力于教学、科研和服务社会，配合考古文博学院的教学，为学习中国考古学和博物馆学的学生提供标本观摩和教学实习条件。唯憾仅有《燕园聚珍》等少数图录面世，其藏品全貌罕有知之者。此次拟以石器、陶器、铜器、瓷器、书画等类别为纲，对藏品做一系统整理，仍以"燕园聚珍"为系列丛书名正式刊布，尽量提供重要的考古背景信息和研究线索，为考古学、艺术史、历史研究等领域的学者提供更为翔实客观的研究素材。

　　作为古代文明的重要标志之一，文物承载着丰富的历史文化信息和艺术价值。本套丛书旨在全面研究、保护、展示、传播本馆藏品风采，结合考古、艺术、材料、技术等多学科知识，力求多角度、多维度地分析和解读每件藏品，以呈现一个立体、生动的藏品世界，做好文化遗产的"守护者""传承者""续写者"。

　　最后，感谢所有参与"燕园聚珍"系列丛书编纂的同仁！

序

在《北京大学藏裴文中捐赠石器选粹》即将出版之际，很感谢李锋博士邀请，能记下对这部珍贵图录的感想。看到主编发来的书稿，不由得感慨与这批珍贵的石器已有40多载的渊源。1979年秋季，我刚入学成为考古专业本科学生，吕遵谔先生给79级同学讲授"旧石器时代考古"课。在吕先生指导下，我们在北京大学文史楼旧石器时代标本室第一次见到这批珍贵的欧洲（主要是法国）旧石器。由此开始，从文史楼、地学楼，再到赛克勒考古与艺术博物馆，40多年来，这批珍贵的旧石器遗存虽几经辗转，展示的空间也越来越有限，但始终是旧石器时代标本室所展出标本的重要组成部分。从初见学习，到后来给选修"旧石器时代考古"课程的同学介绍石器，讲授欧洲旧石器的类型与技术特点，我与这批石器一直有难解之缘。因此，很高兴能有机会在图录即将面世时，写下对这批石器标本的难忘记忆，也表达对石器捐赠者裴文中先生的崇敬之情。

正如图录介绍所记，这批石器有570余件之多，包括从阿舍利、莫斯特到旧石器时代晚期的奥瑞纳、梭鲁特与马格德林等法国旧石器不同阶段和文化类型的典型标本，如手斧、莫斯特尖状器、边刮器、端刮器、雕刻器，以及使用勒瓦娄哇与石叶等技术生产的各类石制品，是学习和研究法国及欧洲旧石器很难得的系统材料。这些珍贵文物标本，是裴文中先生在法国求学期间自己采集和购买所得，又不远万里带回国内。这些年，到北京大学访问，看到这批石器的国内外学生、学者往往感叹，在远离欧洲的北京大学，竟有如此重要齐全的法国及欧洲旧石器标本保存，可供学习与比较研究。与裴文中先生发现北京猿人等震惊世界的科学贡献为学界与世人所熟知相比，他着力培养史前考古人才，为中国旧石器时代考古学科发展所做的贡献却较少为人所了解。存留在北京大学的这批珍贵的欧洲（主要是法国）旧石器，则正是后者的见证。随着图录的出版，裴先生为培养旧石器研究人才的努力与用心，也会为学界与世人更全面、更深入地体认。

裴先生诞生于中国20世纪初的积贫积弱时代，从求学北大到做出举世闻名的科学贡献的早期阶段，都与艰困和战乱相伴。尽管如此，先生追求学术、献身科学之精神无悔。在进行旧石器考古发掘与研究的同时，他还先后在燕京大学、北京大学等高校开设史前考古课程，着力培养考古人才。正如在纪念裴文中先生百周年诞辰的文集中吕遵谔先生所誉，裴先生无愧为"考古苗圃的园丁"。1952年北京大学开设考古专业之初，裴文中先生便是主讲旧石器时代考古课程的教授。1954年裴文中先生在其办公室召开的教学研究组会上宣布，将自己从法国带回的旧石器标本与书籍赠送给北京大学，供教学与研究之用。裴先生的慷慨之举深深感动了参会人员，更令裴先生的助教，也是捐赠接收经手人的吕遵谔先生激动得落泪难眠。在多年之后，每每与后辈学生谈及此事，他仍嘱咐我们珍惜珍重，不能辜负裴文中先生的厚望。

1954年到现在，这批石器在北京大学落户已经整整70年。受惠于裴先生捐赠石器的，并不仅限于旧石器时代考古的学生和学者。考古专业的每届学生学习中国考古学的旧石器内容时，也都会通过这批标本认识到法国及欧洲旧石器时代不同文化类型的典型标本，由此对石器技术与类型学有所了解。除了这些石

器，裴文中先生为刚刚成立的考古专业学生上课所用的大方木桌，也一直保留在旧石器标本室。所以每当在这间带有不寻常历史记忆的标本室，为刚刚开始接触中国考古学的新生讲授旧石器时代考古时，都依然会难掩激动。向围坐在大方桌前的年轻学生，讲授旧石器技术与类型特点，介绍考古前辈的人格与业绩；也会以此为切入点，向刚接触考古学的新同学，介绍考古学科的特点与发展历程；还要特别向刚进入本科阶段学习的同学强调，与历史、文学等有悠久历史的传统文化学科相比，考古学是名副其实的新兴学科，以至于我们还可以围坐在这门学科创始人曾经讲学的课桌前，观摩到裴文中先生不远万里采集与自费购买的石器标本。先生捐赠的标本与用过的课桌，不仅承载了旧石器时代考古的石器技术与类型的学习内容，还是中国考古学发展历史的见证，更是中国旧石器时代考古学奠基者裴文中先生高尚人格的写照。今年是裴文中先生诞辰120周年。这部图录的出版，正可谓恰逢其时，是对先生非常难得的纪念。

图录的出版，可为北京大学以外的诸多旧石器时

代考古学生和学者，提供更方便地利用这批珍贵材料进行学习与比较研究的机会。与70年前中国旧石器时代考古起步不久的情况相比，中国以及全球各地的石器时代考古研究正在飞速发展，研究探讨的课题，也逐渐从区域性问题扩展到世界史前史与古人类演化发展整体格局研究。因此裴先生留下的这批法国及欧洲旧石器标本的意义与重要性，已不仅仅限于对法国和欧洲旧石器的学习，更可以成为我们跨区域大范围研究石器技术与类型学的重要对比材料。这应该是当下编辑出版这部图录的另一项重要意义。

近年来有关旧大陆石器技术发展的讨论越来越多，专门介绍法国与欧洲旧石器的文章与专著不断出版面世。这部图录，更为系统了解法国及欧洲旧石器类型与技术发展，增添了十分难得的照片图像。当年裴文中先生历尽辛苦，奔走于旧石器遗址和博物馆等，

才收集到这批珍贵的石器标本。将这些来源多样，并非出自单个遗址或完整石器组合的石制品进行整理出版，对这本图录编辑者来说挑战不小。非常感谢李锋博士等不辞辛苦，多方努力，完成图录的编撰。图录不仅限于精美的照片图件，还有编者悉心撰写的文字说明，以及附录的博尔德（François Bordes）及索纳维尔－博尔德（Denise de Sonneville-Bordes）等20世纪五六十年代的关于法国及欧洲旧石器类型学等重要参考文献。这些努力都为图录的读者提供了更系统学习与比较研究的方便条件。

祝贺《北京大学藏裴文中捐赠石器选粹》出版，期待这部承载着裴文中先生对年轻学者希望的欧洲旧石器标本图录的面世，能够为更多读者带来旧石器时代考古学习与研究的方便，推动中国旧石器时代考古研究不断向前。

2024 年 5 月

目 录

目录 | 图版

1. 旧石器时代早、中期石制品

2. 旧石器时代晚期石制品

3. 中石器时代及新石器时代石制品

导语

● 缘起

人类有着数百万年的发展史是当今社会的常识，然而在19世纪中叶之前人们对人类古老性的认识还处在与"神创论"的拉锯战之中。在这一艰苦的辩论中，石器的研究发挥着重要的作用。早在久远的历史时期，中外便常有石器的记载，但直到19世纪上半叶，对石器的研究才成为科学界关注的一项内容，博物学者、考古学者、地质学者纷纷投来关切的目光，常报道石器与绝灭动物共存的发现。然而这些发现并未得到彼时科学界的普遍赞同，直到19世纪中叶英国布里克萨姆和法国索姆河畔的发现后，科学界才普遍接受了人类与绝灭动物曾同时存在的观点[①]，确认了人类存在的古老性。这些发现与莱伊尔的《地质学原理》、达尔文的《物种起源》等一道推动了学界对人类自身历史认识的转变，开启了新的科学篇章。

法国含石器遗址的大量发现使得法国考古学家逐渐弄清了石器时代可能包含两个时段：打制石器时代和磨制石器时代。1865年，英国史前学者卢布克（John Lubbock）在《史前时代》一书中接受这一划分意见，将旧石器时代（Paleolithic）这一阶段正式提出，标志着旧石器时代考古学研究的开始[②]。随后的旧石器时代考古发现也多集中于以法国为代表的欧洲大陆和英国等区域。

由于法国得天独厚的材料优势，长期以来，全球的旧石器时代考古学研究与法国旧石器时代考古学的发展密不可分，如以法国材料为基础建立起来的旧石器时代早、中、晚三期的分期方案成为旧大陆旧石器时代分期的基础，以法国材料为主发展起来的旧石器时代考古类型学成为20世纪多数学者所参考的方案，法国史前学者广泛参与的石器打制实验分析成为旧石器时代考古学的有效研究方法，主要以法国为基础发

---

① [英]格林·丹尼尔：《考古学一百五十年》，黄其煦译，北京：文物出版社，1987年，第47页。
② [英]格林·丹尼尔：《考古学一百五十年》，黄其煦译，第77页。

展出的"操作链"思想，成为旧石器时代考古学研究理论和方法变革的源泉……

中国旧石器时代考古学的发展与法国也有着密不可分的关系。中国最早发现的几处旧石器时代遗址皆与法国学者相关。1920年，法国学者桑志华（Émile Licent）等在甘肃庆阳发现有埋藏地层的打制石器，标志着中国旧石器时代考古学研究的开始。随后，萨拉乌苏、水洞沟、周口店、泥河湾，以及与这些区域联系到一起的桑志华、德日进（Pierre Teilhard de Chardin）、步日耶（Abbé Henri Breuil）等法国学者使得中国旧石器时代考古学一开始便具有了较高的起点。在周口店遗址（第1地点）人工打制石器的辨识中，1931年应邀来访的法国旧石器时代考古学研究巨擘步日耶先生"一锤定音"的权威认可，一方面充分彰显了裴文中先生的扎实功底和卓识远见，使得学者们对周口店遗址性质的认识发生了转变，认可其为一处保存人类生存活动的关键遗址，成为随后发掘记录方法和研究理念变革的转折；另一方面也创造了裴文中先生其后跟随步日耶攻读博士学位的契机。1935年，裴文中先生负笈海外，跟随步日耶先生攻读博士学位，于1937年完成了《史前人类使用的硬岩石的破碎和成型中自然现象的作用》一文。法国留学期间的学术训练也深刻影响了裴文中先生随后的研究，在很大程度上塑造了中国旧石器时代考古学其后的发展道路。

裴文中先生在法国留学期间常探访旧石器时代遗址和相关博物馆，他搜集和采购了一批重要的旧石器时代标本，涵盖从阿舍利到马格德林时期的各类石器标本和装饰品等。1940年起，先生开始在燕京大学讲授史前考古，在教学中，先生深感在实践中学习的重要性，酝酿在燕京大学建立史前陈列馆（镜春园），这些关键的教学标本中便有先生自法国带回的石器标本。1952年，全国高校院系调整，燕京大学的文科并入北京大学，裴文中先生首建的陈列馆便成为北京大学的一部分。据曾协助裴文中先生在北京大学讲授旧石器时代考古的吕遵谔先生回忆，1954年初，裴文中先生在其办公室召开的教学研究组会议上，提出将他个人珍藏的有关石器时代的图书和实物标本赠送给北京大学考古专业，作为教学和科学研究之用[3]。此后，这批珍贵标本便落户北京大学，在考古学人才的培养中起到了关键作用，成为同学们了解欧洲旧石器时代石器演化历程的重要依托。

2022年，来自北京大学、吉林大学、西北大学、山东大学、武汉大学、厦门大学、北京师范大学、首都师范大学、山西大学、北京联合大学、兰州大学、河北师范大学、云南师范大学、浙江大学城市学院、中国科学院古脊椎动物与古人类研究所、黑龙江省文物考古研究所、河北省文物考古研究院、河南省文物考古研究院、陕西省考古研究院、宁夏回族自治区文物考古研究所、四川省文物考古研究院、浙江省文物考古研究所等20余家单位的专家学者与研究生在北京大学考古文博学院参加了"石器表达——图像的方法与世界实践研讨会"，作为研讨会的讨论环节之一，与会学者参观了裴文中先生捐赠给北京大学的石器标本，除了一些本科或研究生就读于北大的学者外，其他学者皆表露惊喜之情——那种考古人所独有的因看到实实在在标本的欣喜，惊喜之余大家思考更多的是

---

③ 吕遵谔：《考古苗圃的园丁——忆裴文中老师》，高星、裴申主编《不朽的人格与业绩——纪念裴文中先生诞辰100周年》，北京：科学出版社，2004年。

如何使得这批材料广惠于国内学者和学生。当我们旧石器教研室提出计划出版一部图录的想法时，与会学者们皆十分赞成并给予莫大的鼓励。

在北京大学考古文博学院院长沈睿文教授的部署和旧石器教研室前辈的支持下，我们开始图录的编写工作。起初我们计划根据时代先后选择反映旧石器时代不同时段特点的典型标本进行公布。然而随着法国旧石器时代研究材料的积累，如今法国旧石器时代材料的丰富程度已远非 20 世纪 30 年代所能比，故而我们很难以现存于北京大学的石器标本去反映法国旧石器时代石器技术和类型的全貌。此外，多数标本上没有地层信息，也很难十分准确地将不同标本归入某一特定的时代。考虑以上原因，我们虽力求以时代为序，尽可能全面地反映法国旧石器时代石器技术演化进程，但毋庸讳言这并非一个全面的法国旧石器时代石器技术演化概览。为了尽量弥补这一缺憾，我们将博尔德（François Bordes）发表的旧石器时代早中期类型学、索纳维尔 – 博尔德（Denise de Sonneville-Bordes）与佩罗特（Jean Perrot）合作发表的旧石器时代晚期类型学清单和相应的石制品线图附于文后，以备学者们参考。虽然类型学的应用和意义有着较多的争论，但毋庸置疑，类型学仍是学者们迅捷了解考古材料的重要方式[4]。

即便这并非一本全面介绍法国旧石器时代石器技术演化的图录，但其包含了诸多经典的石制品类别。尤其难得的是这批标本的来源遗址包含了多个经典遗址，诸如我们在课堂上所听到或者教科书所读到的圣阿修尔（Saint Acheul）遗址、米寇克（La Micoque）遗址、莫斯特（Le Moustier）遗址、基纳（La Quina）遗址、菲拉西（La Ferrassie）遗址、格拉维特（La Gravette）遗址、马格德林（La Madeleine）遗址等皆在其内。此外，不少标本上也标注了其所属的文化阶段，如标本上所写的典型奥瑞纳阶段等。这批珍贵的标本是国内学者和学生了解欧洲大陆旧石器时代石器技术与类型特点不可多得的材料，也毫无疑问是国内仅有的系列藏品[5]。

● 本书涉及的遗址及石制品

裴文中先生所采集的标本有石器和装饰品（多为模型），主要收藏于两个单位，中国科学院古脊椎动物与古人类研究所和北京大学考古文博学院，其中收藏于北京大学考古文博学院的主要为石制品，共计 570 余件，以及少量装饰品。这些标本采集自近 90 年前，标本上的标记有些已模糊不清，不易识别。这批标本来源比较庞杂，多数标本上标记了遗址名称，也有不少标本仅标记了所在的区域，但也有少量标本未标记来源地。这些石制品来自近 70 处地点，主要为法国遗址或市镇，也有十余处位于英国，少量地点位于西班牙、意大利和比利时；同时还有标本来自个人收藏。石制品标本主要为打制石器，也有少量磨制石器。打制石器中有石核、石片和石器，其中不乏具有清晰技术特点的经典标本，如来自圣阿修尔遗址的手斧、来自莫斯特遗址的各式刮削器，以及来自旧石器时代晚期多处遗址的大量的雕刻器、端刮器等。多数标本为零散得自各遗址者，也有同一遗址采集较多标

---

④ 关于石器类型学在旧石器时代考古学研究中所起作用的讨论可参考李锋等《欧洲旧石器时代晚期石器类型学评介及类型学相关问题探讨》，《人类学学报》2018 年第 37 卷第 4 期，第 613~630 页，此处不再赘述。

⑤ 吕遵谔：《考古苗圃的园丁——忆裴文中老师》，高星、裴申主编《不朽的人格与业绩——纪念裴文中先生诞辰 100 周年》，北京：科学出版社，2004 年。

本的情况，如采集自米寇克遗址的石制品多达54件。本次统计的遗址简单信息见附录3。

本书收录了技术和类型特点典型的石制品共计277件，来自至少47处遗址，其中有5件石制品未标记来源地。本书收录石制品涉及的遗址众多，且绝大多数遗址包含的文化阶段较长，通常为旧石器时代中期到晚期，从莫斯特到马格德林的多个阶段。故而，本文编者未对所涉及的遗址一一详细介绍。多数遗址发现较早，已积累了众多研究成果，感兴趣的读者可以较为容易地搜集到本书所涉及遗址的相关信息。

本书以发布石制品的彩色照片为主，以便于读者理解不同石制品标本的技术和类型特点。本书编者未对石制品进行具体的描述，仅在图片说明中呈现其基本尺寸[6]和来源等信息。20世纪50年代吕遵谔先生接手裴文中院士捐赠的标本后曾对标本进行编号，但历经岁月，少量编号难以识别。我们在图片说明中也标注了吕遵谔先生的临时编号（No.），以便学者实际考察标本时检索。

如前文所述，本书涉及的部分石制品所属文化阶段并不容易确定，我们虽以旧石器时代早、中期，旧石器时代晚期，中石器时代及新石器时代石制品类型为章节展开介绍，但时代的区分未见得绝对准确。此外，不少石制品本身并不完整，但为了尽可能多地把相关信息呈现给读者，本书也收录了不少残断的石器。

因石器保留不完整，类型的确定便未见得准确。特此说明。

石制品在图录中的排列主要采用石核、石片、工具的顺序，工具中不同类别的排列尽量参考附录1、附录2中类型学清单中的顺序，同一类型中不同标本的排列顺序并无特定原则，涉及相同遗址时，尽量将相同遗址的石制品就近排列。在对石制品定位和测量时主要参考《打制石器技术与术语》（*Technology and Terminology of Knapped Stone*）一书，以石片为例，台面朝下，腹面朝向观察者；测量石片是沿技术轴的长度，而非形态长（最大长）。当然，需要说明的是石制品的定位仅是研究习惯的表现，并无学术上的优劣之分。因本书所收录的标本主要来自法国，故而采用此种定位方式。

据张森水先生所记，裴文中先生"在法留学，经费并不富裕，甚至未能给夫人带回一件纪念品，但他省吃俭用，却花了不少钱买石器标本"[7]。这些石制品曾在中国旧石器时代考古数十年的专业教育中发挥了重要的作用[8]。在裴文中先生诞辰120周年之际，我们将其编辑成书，感念先生对北京大学旧石器时代考古学科发展的帮助，并纪念先生对中国旧石器时代考古学教育与研究的巨大贡献。相信今后会有更多人从中获益，不负先生近90年前的无私付出。

---

[6] 基本尺寸信息由李锋测量。
[7] 张森水：《裴文中传略与浅析》，《文物春秋》1994年增刊，第1~23页。
[8] 吕遵谔：《考古苗圃的园丁——忆裴文中老师》，高星、裴申主编《不朽的人格与业绩——纪念裴文中先生诞辰100周年》，北京：科学出版社，2004年；张森水：《裴文中传略与浅析》，《文物春秋》1994年增刊，第1~23页。

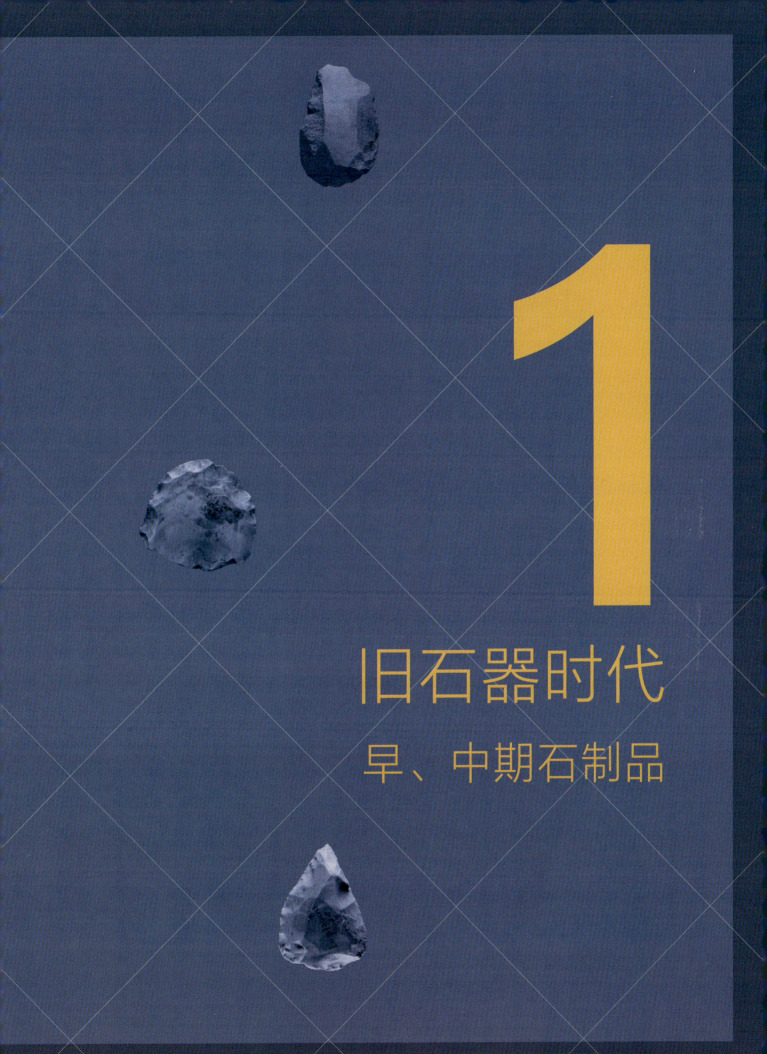

1

旧石器时代

早、中期石制品

$\textcircled{\scriptsize{001}}$ **手 斧**

mm 长 131.64、宽 80.32、厚 46.69 毫米

源 法国圣阿修尔（Saint Acheul）遗址

No 50.2.3.12

⓪⓪2 手 斧

ⓜ 长 149.72、宽 82.70、厚 45.06 毫米

⑤ 法国圣阿修尔（Saint Acheul）遗址

No 50.2.3.14

⒪⒪⒊ 手 斧

- ⓜ 长 106.51、宽 68.54、厚 36.41 毫米
- 源 法国曼克斯－贡德维尔（Mainxe-Gondeville）市镇
- № 50.2.3.22

⓪⓪④ 手 斧

- ⓜ 长 109.00、宽 77.50、厚 28.50 毫米
- 源 法国维埃纳（Vienne）平原
- № 50.2.3.32

⊙005 两面器毛坯

- **mm** 长 138.97、宽 76.98、厚 36.54 毫米
- **源** 标记难以辨识
- **No** 50.2.3.25

◯◯6 **薄刃斧**

◯mm 长 122.06、宽 80.77、厚 33.27 毫米

◯源 西班牙卡西特罗（Castillo）遗址

◯No 50.2.7.88

⦿⦿⦿ 勒瓦娄哇石核

- ⓜ 长 79.20、宽 83.60、厚 31.20 毫米
- ⓢ 法国菲兹詹姆斯（Fitz James）遗址
- Ⓝ 50.2.5.28

——北京大学藏——
裴文中捐赠石器选粹

勒瓦娄哇石核

长 113.03、宽 105.66、厚 44.68 毫米

法国圣鞠斯特昂绍赛（Saint-Just-en-Chaussée）市镇

50.2.5.11

—— 北京大学藏 ——
裴文中捐赠石器选粹

⑨ **勒瓦娄哇石核**

🔘 长 96.50、宽 63.76、厚 29.65 毫米

🔘 标记难以辨识

🔘 50.2.5.17

⊙O1O 盘状石核

- ㎜ 长 56.72、宽 52.01、厚 27.59 毫米
- 源 法国米寇克（La Micoque）遗址
- No 50.2.6.7

(OII) **盘状石核**

(mm) 长 85.15、宽 72.12、厚 38.44 毫米

(源) 西班牙卡西特罗（Castillo）遗址

(No) 50.2.7.94

◯012 **石 片**

🔘 长 70.03、宽 56.95、厚 31.64 毫米

🔘 英国巴恩菲尔德矿坑（Barnfield pit）遗址

🔘 50.2.4.3

⊙I3 石 片

- ㎜ 长 81.50、宽 98.59、厚 14.18 毫米
- 源 英国肯特郡斯特里（Sturry）村
- No 50.2.5.12

⟨014⟩ 石 片

(mm) 长 71.01、宽 35.93、厚 12.51 毫米

(源) 英国肯特郡斯特里（Sturry）村

(No) 50.2.1.48

⑮ 石片

长 80.52、宽 42.21、厚 14.85 毫米

法国蒙捷（Monthiers）市镇

50.2.5.14

⓪16 石片

🔘 长 84.88、宽 73.59、厚 20.07 毫米

🔘 法国孔布卡佩勒（Combe Capelle）遗址

🔘 50.2.5.33

⊙₁₇ 石 片

- **mm** 长 69.51、宽 48.35、厚 18.56 毫米
- **源** 法国米寇克（La Micoque）遗址
- **No** 50.2.6.1

ⓘ⑧ 石 片

- ⓜ 长 67.08、宽 51.02、厚 11.58 毫米
- ⓢ 法国米寇克（La Micoque）遗址
- № 50.2.6.16

⓪I9 石 片

- ㎜ 长 68.30、宽 61.78、厚 19.14 毫米
- 源 法国圣莫尔（Saint-Maur）市镇
- No 50.2.7.73

⊙20 **石 片**

🔘 长 49.77、宽 33.15、厚 14.24 毫米

🔘 法国布雷（Chez Pourré）遗址

🔘 50.2.7.1？6

O21 勒瓦娄哇石片

mm 长 126.59、宽 79.94、厚 14.72 毫米

源 法国蒙捷（Monthiers）市镇

No 50.2.5.1

O22 勒瓦娄哇石片

(mm) 长 128.95、宽 68.68、厚 12.95 毫米

源 法国菲兹詹姆斯（Fitz James）遗址

No 50.2.5.5

○23 **勒瓦娄哇石片**

mm 长 158.41、宽 82.31、厚 19.25 毫米

源 不确定

No 50.2.5.27

㉔ 勒瓦娄哇石片

- **mm** 长 91.55、宽 60.93、厚 9.68 毫米
- **源** 法国菲兹詹姆斯（Fitz James）遗址
- **No** 50.2.5.8

ⓞ25 勒瓦娄哇石片

- ⓜ 长 130.57、宽 85.39、厚 22.37 毫米
- ⓢ 法国菲兹詹姆斯（Fitz James）遗址
- ⓝ 50.2.3.36

026 勒瓦娄哇石片

- **mm** 长 76.29、宽 76.62、厚 18.81 毫米
- **源** 意大利格里马尔迪（Grimaldi）遗址
- **No** 50.2.8.118

(027) **勒瓦娄哇石片**

(mm) 长 82.45、宽 52.50、厚 11.98 毫米

(源) 西班牙卡西特罗（Castillo）遗址

(No) 50.2.5.27

⑳ 勒瓦娄哇三角形石片

- mm 长 119.98、宽 47.46、厚 12.79 毫米
- 源 法国博韦（Beauvais）市镇
- No 50.2.5.26

⑩29 勒瓦娄哇三角形石片

- ⑩ 长 63.63、宽 33.03、厚 11.78 毫米
- 源 法国犹太城（Ville juif）市镇
- № 50.2.7.62

⃝₀₃₀ 修理的勒瓦娄哇三角形石片

- ⓜ 长 71.16、宽 36.16、厚 13.53 毫米
- ⓢ 法国犹太城（Ville juif）市镇
- ⓝ 50.2.8.50

○31 莫斯特尖状器

- ㎜ 长 56.98、宽 33.79、厚 13.48 毫米
- 源 法国布雷（Chez Pourré）遗址
- No 50.2.7.13

⊙32 莫斯特尖状器

- mm 长 58.83、宽 41.98、厚 10.49 毫米
- 源 法国勒普拉卡尔德（Le Placard）遗址
- No 50.2.7.17

033　莫斯特尖状器

長 57.65、宽 38.04、厚 12.14 毫米

源　不确定

No　难以辨识

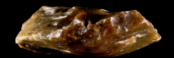

⑩34 莫斯特尖状器

- ⓜ 长 83.12、宽 53.59、厚 18.69 毫米
- ⑤ 法国曼克斯－贡德维尔（Mainxe-Gondeville）市镇
- ⓝ 50.2.3.20

Ⓞ³⁵ **边刮器**（直刃，勒瓦娄哇石片毛坯）

🔘 长 86.71、宽 58.32、厚 9.24 毫米

🔘 法国莫斯特（Le Moustier）遗址

🔘 50.2.7.75

036 **边刮器**（直刃）

mm 长 85.55、宽 55.81、厚 20.85 毫米

源 法国犹太城（Ville juif）市镇

No 50.2.8.129

O37 边刮器（直刃）

mm 长 50.52、宽 32.24、厚 10.01 毫米

源 法国派尔－农－派尔（Pair-non-Pair）遗址

No 难以辨识

○38 **边刮器**（直刃）

- ㎜ 长 41.16、宽 34.85、厚 10.81 毫米
- 源 西班牙卡西特罗（Castillo）遗址
- No 50.2.7.60

⑨ 边刮器（凸刃）

🔳 长 82.70、宽 49.46、厚 23.19 毫米

◎ 英国巴恩菲尔德矿坑（Barnfield pit）遗址

№ 50.2.3.38

⓪④⓪ **边刮器**（凸刃）

mm 长 52.95、宽 33.83、厚 11.85 毫米

源 法国基纳（La Quina）遗址

No 50.2.7.47

——北京大学藏——
裴文中捐赠石器选粹

边刮器（凸刃）

mm 长 74.17、宽 41.58、厚 10.29 毫米

源 法国布雷（Chez Pourré）遗址

No 50.2.7.69

⊙42 边刮器（凸刃）

- ⬤ 长 62.50、宽 41.07、厚 18.75 毫米
- ⬤ 法国派尔－农－派尔（Pair-non-Pair）遗址
- ⬤ 50.2.8.149

ⓞ43 边刮器（凸刃）

- ⓜⓜ 长 52.87、宽 36.07、厚 14.71 毫米
- 源 法国布雷（Chez Pourré）遗址
- No 50.2.7.12

(044) **边刮器**（凸刃）

(mm) 长 63.03、宽 52.76、厚 15.83 毫米

(源) 英国沃伦山（Warren Hill）遗址

(No) 50.2.？.？

边刮器（凸刃）

mm 长 56.42、宽 42.89、厚 22.62 毫米

源 西班牙卡西特罗（Castillo）遗址

No 50.2.7.51

○46 边刮器（凸刃，基纳修理）

- ㎜ 长 71.56、宽 45.52、厚 17.85 毫米
- 源 法国基纳（La Quina）遗址
- No 50.2.7.19

（047） **边刮器**（凸刃，基纳修理）

- ⓜ 长 78.29、宽 45.03、厚 19.35 毫米
- ⓢ 法国基纳（La Quina）遗址
- ⓝ 50.2.7.52

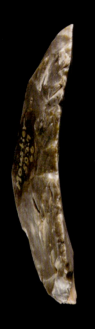

⊙48 双刃刮削器（直—直刃）

🔘 长 68.11、宽 39.10、厚 13.25 毫米

🔘 法国蒙捷（Monthiers）市镇

🔘 50.2.7.66

(049) 聚刃刮削器（直刃）

- ⓜ 长 65.74、宽 54.45、厚 20.89 毫米
- ⓢ 法国孔布卡佩勒（Combe Capelle）遗址
- Ⓝ 50.2.7.29

⊙50 聚刃刮削器（直刃）

- ⓜ 长 46.60、宽 34.98、厚 11.11 毫米
- ㊟ 西班牙卡西特罗（Castillo）遗址
- № 50.2.7.11

○51 **聚刃刮削器**（凸刃，勒瓦娄哇石片毛坯）

⬤ 长 95.91、宽 55.95、厚 15.42 毫米

⬤ 法国犹太城（Ville juif）市镇

⬤ 50.2.5.18

⊙52 **聚刃刮削器**（凸刃）

mm 长 79.05、宽 46.69、厚 11.33 毫米

源 法国莫斯特（Le Moustier）遗址

No 50.2.7.49

⊙53 聚刃刮削器（凸刃）

mm 长 67.61、宽 43.28、厚 9.30 毫米

源 法国犹太城（Ville juif）市镇

No 50.2.8.110

○54 聚刃刮削器（凸刃）

mm 长 73.30、宽 35.59、厚 11.11 毫米

源 标记难以辨识

No 50.2.7.67

⑤ 聚刃刮削器（凸刃）

- ⓜ 长 103.62、宽 51.38、厚 18.19 毫米
- ⓢ 法国犹太城（Ville juif）市镇
- ⓝ 50.2.8.127

⑤⑥ **聚刃刮削器**（凸刃）

🔘 长 41.75、宽 24.34、厚 13.11 毫米

🔘 西班牙卡西特罗（Castillo）遗址

🔘 50.2.7.6

057 聚刃刮削器（凸刃）

- ⏺ 长 67.05、宽 49.34、厚 11.87 毫米
- 源 法国勒普拉卡尔德（Le Placard）遗址
- No 50.2.8.115

058 聚刃刮削器（凸刃）

- 长 46.07、宽 36.17、厚 21.11 毫米
- 法国米寇克（La Micoque）遗址
- 50.2.6.33

059 **聚刃刮削器**（凸刃）

mm 长 50.08、宽 25.61、厚 16.60 毫米

源 西班牙卡西特罗（Castillo）遗址

No 50.2.7.10

⃝060 聚刃刮削器（凸—直刃）

- ⃝mm 长 38.69、宽 23.68、厚 9.55 毫米
- ⃝源 西班牙卡西特罗（Castillo）遗址
- ⃝No 50.2.7.1

⓪61 斜轴刮削器

- ⓜ 长 25.23、宽 38.62、厚 12.70 毫米
- 源 西班牙卡西特罗（Castillo）遗址
- No 50.2.7.3

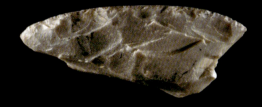

(062) **斜轴刮削器**

(mm) 长 27.49、宽 33.66、厚 12.58 毫米

(源) 西班牙卡西特罗（Castillo）遗址

(No) 50.2.7.5

⓪63 斜轴刮削器（基纳修理）

- ㎜ 长 41.31、宽 40.10、厚 17.19 毫米
- 源 西班牙卡西特罗（Castillo）遗址
- No 50.2.8.138

⑥ 斜轴刮削器

🔘 长 29.51、宽 51.07、厚 14.05 毫米

🔘 法国基纳（La Quina）遗址

🔘 50.2.7.7

⊙₆₅ 斜轴刮削器

- ㎜ 长 49.73、宽 45.50、厚 12.53 毫米
- 源 法国莫斯特（Le Moustier）遗址
- No 50.2.7.72？

⓪⁶⁶ 斜轴刮削器

🔘 长 55.67、宽 52.45、厚 14.03 毫米

🔘 英国沃伦山（Warren Hill）遗址

🔘 50.2.4.6

(067) 斜轴刮削器

- mm 长 34.48、宽 34.43、厚 8.82 毫米
- 源 法国拉谢兹（La Chaise）遗址
- No 50.2.7.55

ⓄⒻⒺ 斜轴刮削器

- ⓜⓜ 长 41.02、宽 38.52、厚 12.87 毫米
- ⓢ 法国拉沙佩勒欧圣（La Chapelle aux Saints）遗址
- ⓝⓞ 50.2.7.8

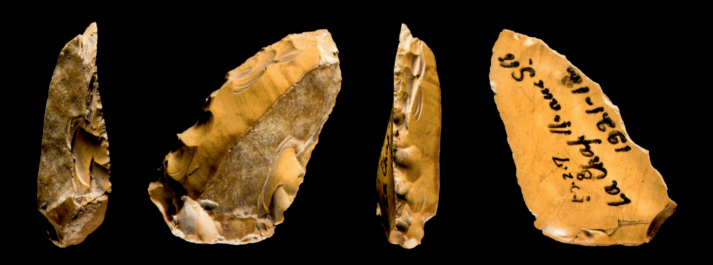

069 **横刃刮削器**（基纳修理）

mm 长 39.67、宽 39.18、厚 15.42 毫米

源 法国拉沙佩勒欧圣（La Chapelle aux Saints）遗址

No 50.2.7.57

⑦ 横刃刮削器（直刃）

- ㎜ 长 21.76、宽 36.13、厚 14.48 毫米
- 源 西班牙卡西特罗（Castillo）遗址
- № 50.2.7.39

⊙71 **横刃刮削器**（直刃）

🔲 长 34.46、宽 46.89、厚 10.23 毫米

🔘 法国米寇克（La Micoque）遗址

🔘 50.2.6.20

(072) 横刃刮削器（凸刃，基纳修理）

- (mm) 长 44.30、宽 47.50、厚 13.50 毫米
- (源) 法国基纳（La Quina）遗址
- (No) 50.2.7.46

○73 横刃刮削器（凸刃，基纳修理）

- mm 长 40.23、宽 59.83、厚 20.02 毫米
- 源 法国拉沙佩勒欧圣（La Chapelle aux Saints）遗址
- No 50.2.7.50

⊙74 横刃刮削器（凸刃，基纳修理）

- mm 长 60.62、宽 80.06、厚 18.92 毫米
- 源 法国基纳（La Quina）遗址
- No ?.2.7.53

⊙075 **横刃刮削器**（凸刃）

- ㎜ 长 40.81、宽 46.63、厚 8.61 毫米
- 源 法国拉沙佩勒欧圣（La Chapelle aux Saints）遗址
- № 50.2.7.9

⓪76 横刃刮削器（凸刃）

- ⓜ 长 62.75、宽 97.23、厚 26.94 毫米
- ⓢ 法国莫斯特（Le Moustier）遗址
- ⓝ 50.2.7.79

⊙77 横刃刮削器（凸刃）

mm 长 31.10、宽 46.35、厚 10.64 毫米

源 西班牙卡西特罗（Castillo）遗址

No 50.2.7.45

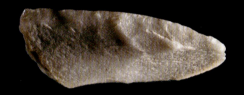

078 横刃刮削器（凸刃）

mm 长 37.64、宽 43.57、厚 11.13 毫米

源 法国米寇克（La Micoque）遗址

No 50.2.6.31

⓿⁷⁹ 横刃刮削器（凹刃）

- ⓜ 长 41.38、宽 37.85、厚 9.70 毫米
- ⓢ 法国米寇克（La Micoque）遗址
- Ⓝ 50.2.6.40

⓪⑧⓪ 陡直修理刮削器

- ⑩ 长 57.08、宽 39.22、厚 18.48 毫米
- ⑳ 法国米寇克（La Micoque）遗址
- № 50.2.6.3

081 陡直修理刮削器

- ⬜ 长 43.30、宽 39.73、厚 15.01 毫米
- 源 法国米寇克（La Micoque）遗址
- No 50.2.6.6

⚪082 背部减薄边刮器

🔲 长 123.92、宽 71.42、厚 21.77 毫米

🔲 法国犹太城（Ville juif）市镇

🔲 50.2.5.29

⊙83 钻

🔘 长 47.64、宽 30.21、厚 12.85 毫米

🔘 法国米寇克（La Micoque）遗址

🔘 50.2.6.39

⓪84 凹缺器

- ⓜ 长 54.86、宽 38.49、厚 15.61 毫米
- ⓢ 法国米寇克（La Micoque）遗址
- No 50.2.6.35

⓪⑧⑤ 凹缺器

- ⟨mm⟩ 长 53.42、宽 35.09、厚 13.35 毫米
- ⟨源⟩ 法国米寇克（La Micoque）遗址
- ⟨No⟩ 50.2.6.41

⊙86 **锯齿刃器**

㎜ 长 55.80、宽 48.45、厚 15.97 毫米

源 法国米寇克（La Micoque）遗址

No 50.2.6.4

⑧⑦ 锯齿刃器

⊙ 长 66.86、宽 31.60、厚 11.31 毫米

源 法国米寇克（La Micoque）遗址

No 50.2.6.22

○88 锯齿刃器

- ⬭ 长 74.11、宽 53.77、厚 18.49 毫米
- 源 法国米寇克（La Micoque）遗址
- № 50.2.6.9

⓪89 锯齿刃器

⟨mm⟩ 长 51.61、宽 35.89、厚 18.18 毫米

⟨源⟩ 法国米寇克（La Micoque）遗址

⟨No⟩ 50.2.6.21

⊙⁹⁰ **锯齿刃器**

- ⓜ 长 68.44、宽 31.95、厚 17.78 毫米
- ㊮ 法国派尔-农-派尔（Pair-non-Pair）遗址
- ⓝ 50.2.10.58

⓿⓿⓿ 锯齿刃器

⬭ 长 89.43、宽 46.23、厚 18.57 毫米

源 西班牙卡西特罗（Castillo）遗址

No 50.2.7.77

⓪92 泰雅克尖状器

- ⓜ 长 36.26、宽 27.51、厚 11.10 毫米
- 源 法国布雷（Chez Pourré）遗址
- No 50.2.7.2

⑨③ 泰雅克尖状器

- ㎜ 长 43.18、宽 36.59、厚 8.94 毫米
- 源 西班牙卡西特罗（Castillo）遗址
- № 50.2.7.129

⑨④ 泰雅克尖状器

🔵㎜ 长 45.15、宽 26.14、厚 11.78 毫米

🔵源 西班牙卡西特罗（Castillo）遗址

🔵№ 50.2.7.4

○95 桂叶形两面器

- mm 长 90.83、宽 48.01、厚 15.05 毫米
- 源 法国犹太城（Ville juif）市镇
- No 50.2.5.19

⓪⑨⑥ 两面器

- 长 65.90、宽 46.04、厚 19.06 毫米
- 法国莫斯特（Le Moustier）遗址
- 50.2.7.28?

⊙97 **两面器**

🔲 长 53.27、宽 39.86、厚 18.28 毫米

源 法国孔布卡佩勒（Combe Capelle）遗址

No 50.2.7.24

○○○98 两面器

mm 长 60.30、宽 48.62、厚 19.77 毫米

源 法国莫斯特（Le Moustier）遗址

No 50.2.7.26

⓿⓿⓿ 两面器

mm 长 60.64、宽 52.09、厚 22.12 毫米

源 法国孔布卡佩勒（Combe Capelle）遗址

No 50.2.7.27

⑩ 两面器

- ⬤ 长 60.68、宽 47.84、厚 26.60 毫米
- 源 法国孔布卡佩勒（Combe Capelle）遗址
- No 50.2.7.25

——北京大学藏——
裴文中捐赠石器选粹

⑩ **两面器**

㎜ 长 87.46、宽 60.47、厚 36.40 毫米

源 法国孔布卡佩勒（Combe Capelle）遗址

No 50.2.7.34

⑩ **两面器**

㎜ 长 84.94、宽 60.25、厚 20.77 毫米

源 法国维埃纳（Vienne）平原

No 50.2.7.36

⑩3 两面器

长 57.98、宽 56.26、厚 16.29 毫米

法国布雷（Chez Pourré）遗址

50.2.7.58

⑩④ 两面器（残段）

- ㎜ 长 53.32、宽 53.19、厚 16.49 毫米
- 源 法国圣莫尔（Saint-Maur）市镇
- No 50.2.1.31

⑩⑤ **米寇克两面器**

mm 长 140.88、宽 63.76、厚 39.00 毫米

源 法国蒂耶（Le Tillet）遗址

No 50.2.8.8

(106) 楔裂器

- 长 46.98、宽 21.77、厚 13.41 毫米
- 法国菲拉西（La Ferrassie）遗址
- 50.2.8.145

（107） **楔裂器**

ⓜ 长 19.49、宽 17.43、厚 7.41 毫米

⑤ 未能确认

№ 50.2.8.156

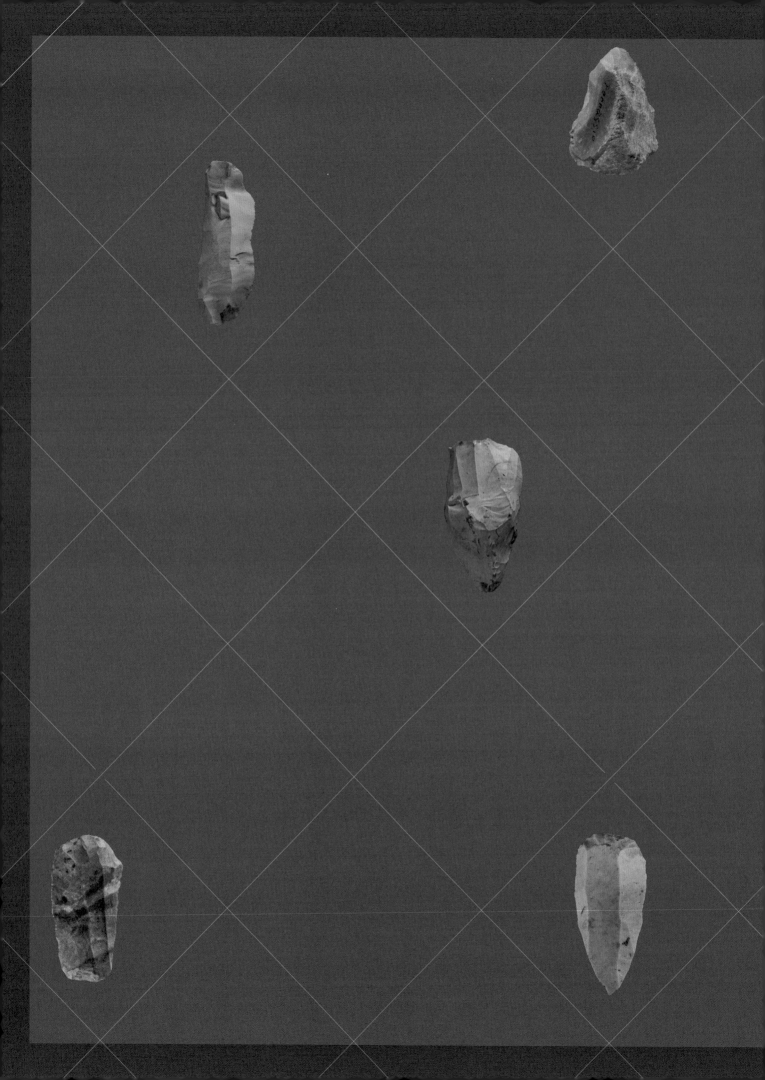

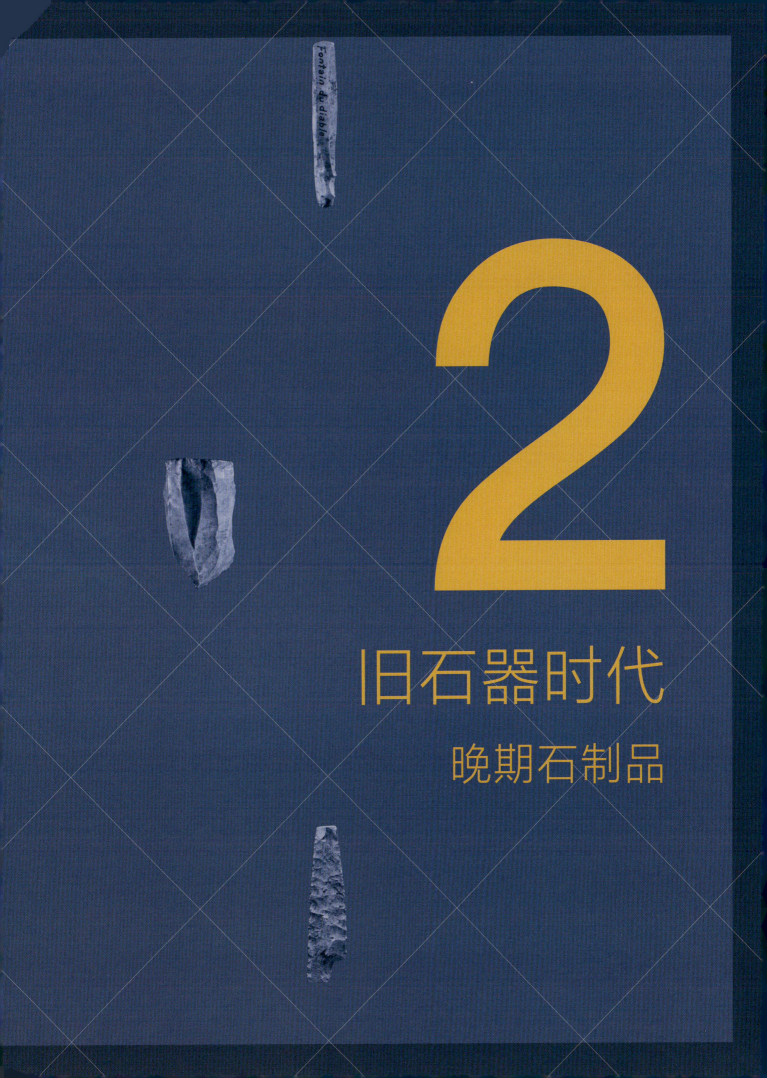

Fontain du diable

2

旧石器时代

晚期石制品

—— 北京大学藏 ——
裴文中捐赠石器选粹

◯◯I 石叶石核

- ⊕ 长 136.14、宽 68.85、厚 66.68 毫米
- 源 法国拉沃内勒（Ravenel）市
- No 50.2.10.67

○○2 石叶石核

- 长 130.53、宽 59.53、厚 44.04 毫米
- 法国菲兹詹姆斯（Fitz James）遗址
- 50.2.5.3

○○3 石叶石核

🔘 长 64.08、宽 56.58、厚 47.94 毫米

🔘 法国蒙捷（Monthiers）市镇

🔘 50.2.10.63

⓪⓪4 **石叶石核**

mm 长 57.50、宽 54.58、厚 44.40 毫米

源 法国蒙捷（Monthiers）遗址

No 50.2.10.65

⑩⑤ **小石叶石核**

🔘 高 28.39、宽 44.50、厚 21.43 毫米

🔘 法国魔炉（Le Fourneau du Diable）遗址

🔘 50.2.10.61

小石叶石核

㎜ 高 29.75、宽 43.07、厚 25.52 毫米

源 法国蒙捷（Monthiers）市镇

No 50.2.10.62

⑰ 小石叶石核

- ⑩ 高 29.97、宽 46.38、厚 31.74 毫米
- 源 法国派尔-农-派尔（Pair-non-Pair）遗址
- No 50.2.8.152

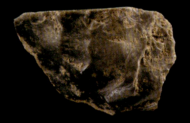

⑩⑧ 小石叶石核

- ㎜ 高 21.18、宽 27.04、厚 32.27 毫米
- 源 法国菲拉西（La Ferrassie）遗址
- No 50.2.8.134

⊚⊚⊚ **石 叶**

🔵 长 117.62、宽 43.26、厚 14.90 毫米

🔵 法国邦德维尔圣母（Bondeville）市镇

🔵 50.2.5.20

ⓘ⓪ 石 叶

- ⓜ 长 97.73、宽 38.68、厚 7.83 毫米
- 源 法国邦德维尔圣母（Bondeville）市镇
- No 无编号

ⓞ_{II} 石 叶

- mm 长 98.23、宽 27.48、厚 6.80 毫米
- 源 无标记
- No 50.2.10.29

—— 北京大学藏 ——
裴文中捐赠石器选粹

⊙012 石 叶

- mm 长 85.68、宽 35.10、厚 10.58 毫米
- 源 法国菲拉西（La Ferrassie）遗址
- No 50.2.8.107

⊙₁₃ 石 叶

🔘 长 153.19、宽 29.72、厚 12.83 毫米

🔘 法国洛热列沙洲（Laugerie Basse）遗址

🔘 50.2.10.1

⊙₁₄ 石 叶

ⓜ 长 96.39、宽 18.91、厚 8.03 毫米

源 法国洛热列沙洲（Laugerie Basse）遗址

No 50.2.10.3

ⓞ15 石 叶

- mm 长 106.67、宽 23.29、厚 11.45 毫米
- 源 法国洛热列沙洲（Laugerie Basse）遗址
- No 50.2.10.8

(016) **石 叶**

(mm) 长 68.06、宽 20.35、厚 7.73 毫米

(源) 法国洛热列沙洲（Laugerie Basse）遗址

(No) 50.2.10.21

石 叶

- 长 63.80、宽 17.23、厚 6.21 毫米
- 法国洛热列沙洲（Laugerie Basse）遗址
- 50.2.10.5

裴文中捐赠石器选粹

⓪18 石 叶（近端 + 中段）

- ⬤mm 长 50.78、宽 13.31、厚 3.92 毫米
- ⬤源 法国伊斯蒂里兹洞穴（Grottes d'Isturitz）遗址
- ⬤No 50.2.8.16

⑲ 石 叶（远端）

㎜ 长 54.32、宽 25.41、厚 7.04 毫米

源 法国伊斯蒂里兹洞穴（Grottes d'Isturitz）遗址

No 50.2.8.82

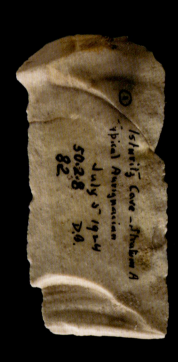

⊙020 **鸡冠状石叶**

⊙ 长 87.78、宽 14.83、厚 7.28 毫米

⊙ 法国洛热列沙洲（Laugerie Basse）遗址

⊙ 50.2.10.4

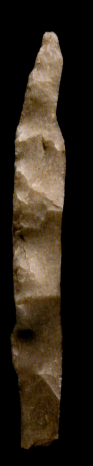

⓪2I **鸡冠状石叶**（中段＋远端）

🔘 长 86.67、宽 22.73、厚 9.70 毫米

🔘 法国马格德林（La Madeleine）遗址

🔘 50.2.10.6

鸡冠状石叶（中段 + 远端）

- ⓜ 长 89.52、宽 16.47、厚 9.59 毫米
- 源 法国洛热列沙洲（Laugerie Basse）遗址
- No 50.2.10.7

㉓ 鸡冠状小石叶

- ⓜ 长 47.29、宽 8.40、厚 8.07 毫米
- ⓢ 法国派尔－农－派尔（Pair-non-Pair）遗址
- Ⓝ 50.2.10.14

(024) **小石叶**

mm 长 39.61、宽 6.39、厚 2.43 毫米

源 法国洛热列沙洲（Laugerie Basse）遗址

No 50.2.8.6

⊙25　小石叶

mm　长 46.42、宽 7.52、厚 2.95 毫米

源　法国魔炉（Le Fourneau du Diable）遗址

No　50.2.8.9

ⓞ26 简单端刮器

- ⓜ 长 52.63、宽 30.29、厚 7.20 毫米
- ⑤ 法国派尔-农-派尔（Pair-non-Pair）遗址
- ⓝ 50.2.8.91

⭕27 简单端刮器

🔲 长 54.41、宽 32.50、厚 6.37 毫米

🔵 法国马勒莫尔（Malemort）市镇

🔵 50.2.8.92

(028) **简单端刮器**

- ⬤ 长 45.39、宽 21.12、厚 8.08 毫米
- ⬤ 法国马勒莫尔（Malemort）市镇
- ⬤ 50.2.8.90

Ⓞ29 **简单端刮器**

㎜ 长 56.42、宽 29.09、厚 15.36 毫米

源 法国莱塞济（Les Eyzies）遗址[1]

No 50.2.8.96

① 指的是莱塞济洞穴（Grotte des Eyzies）遗址，也称为理查德洞穴（Grotte Richard）遗址。

030 简单端刮器

- 长 80.60、宽 26.17、厚 6.56 毫米
- 法国塞尔亚克（Sergeac）市镇
- 50.2.8.?

⊙31 简单端刮器

- (mm) 长 90.59、宽 23.58、厚 10.06 毫米
- (源) 法国洛热列沙洲（Laugerie Basse）遗址
- (No) 50.2.10.?

⊙32 简单端刮器

㎜ 长 70.22、宽 25.44、厚 8.32 毫米

源 法国马格德林（La Madeleine）遗址

№ 50.2.10.33

⊙33 **简单端刮器**

🔲 长 53.05、宽 16.80、厚 9.74 毫米

🔵 法国塞尔亚克（Sergeac）市镇

🔵 50.2.8.95

ⓞ34 简单端刮器

- ⓜ 长 66.48、宽 25.80、厚 10.45 毫米
- 源 法国圣日耳曼 – 德拉里维耶尔（Saint-Germain-de-la-Rivière）遗址
- No 50.2.10.23

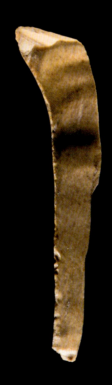

⃝³⁵ 简单端刮器

⃝ 长 56.92、宽 21.01、厚 8.03 毫米

⃝ 法国洛热列沙洲（Laugerie Basse）遗址

⃝ 50.2.10.22

—— 北京大学藏 ——

裴文中捐赠石器选粹

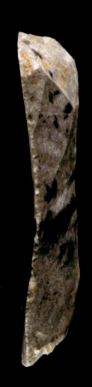

○36 简单端刮器

- ⓜ 长 49.78、宽 24.88、厚 8.35 毫米
- ⑤ 法国塞尔亚克（Sergeac）市镇
- ⑩ 50.2.8.93

⓪³⁷ 简单端刮器

🔘 长 66.44、宽 23.37、厚 10.31 毫米

🔘 法国塞尔亚克（Sergeac）市镇

🔘 50.2.8.99

⊙38 简单端刮器

- 长 72.13、宽 19.42、厚 7.83 毫米
- 法国塞尔亚克（Sergeac）市镇
- 50.2.8.104

⊙39 **简单端刮器**

㎜ 长 99.09、宽 30.37、厚 11.50 毫米

源 法国莱塞济（Les Eyzies）遗址

No 50.2.8.109

⓪⁴⁰ 简单端刮器

- ⓜ 长 73.12、宽 32.24、厚 6.44 毫米
- ⓢ 标记难以辨识
- Ⓝ 50.2.10.35

⊙41 简单端刮器

⊙ 长 63.39、宽 23.65、厚 10.39 毫米

源 法国莱塞济（Les Eyzies）遗址

No 50.2.8.7

⊙42 简单端刮器

- ㎜ 长 77.83、宽 26.04、厚 7.01 毫米
- 源 法国洛热列沙洲（Laugerie Basse）遗址
- No 50.2.10.?

⊙43 简单端刮器

mm 长 70.87、宽 25.75、厚 11.07 毫米

源 法国派尔－农－派尔（Pair-non-Pair）遗址

No 50.2.8.105

Ⓞ44 修理石片端刮器

- ⓜ 长 102.04、宽 52.41、厚 12.64 毫米
- ⓢ 法国菲拉西（La Ferrassie）遗址
- Ⓝ 50.2.8.125

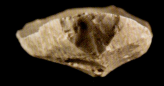

⃝045 **修理石叶端刮器**

🔘 长 66.53、宽 28.03、厚 7.79 毫米

🔘 法国洛塞尔（Laussel）遗址

🔘 50.2.10.40

046 修理石叶端刮器

- mm 长 57.60、宽 22.68、厚 7.40 毫米
- 源 法国马勒莫尔（Malemort）市镇
- № 50.2.8.74

⊙47 修理石叶端刮器

- ㎜ 长 63.77、宽 24.08、厚 7.58 毫米
- 源 法国塞尔亚克（Sergeac）市镇
- No 50.2.8.100

⊙48 修理石叶端刮器

- ⓜ 长 47.10、宽 26.01、厚 10.01 毫米
- 源 法国古尔当（Gourdan）遗址
- № 50.2.8.81

O49 **修理石叶端刮器**（残段）

mm 长 33.85、宽 29.42、厚 9.25 毫米

源 法国派尔-农-派尔（Pair-non-Pair）遗址

No 50.2.8.79

⊙50 奥瑞纳石叶端刮器

mm 长 61.69、宽 25.18、厚 8.24 毫米

源 法国洛热列沙洲（Laugerie Basse）遗址

No 50.2.10.37

⑤I 奥瑞纳石叶端刮器（残段）

- ㎜ 长 45.39、宽 31.09、厚 8.94 毫米
- 源 法国伊斯蒂里兹洞穴（Grottes d'Isturitz）遗址
- No 50.2.8.71

○52 **奥瑞纳石叶端刮器**（残段）

㎜ 长 45.48、宽 27.24、厚 12.66 毫米

源 法国古尔当（Gourdan）遗址

No 50.2.8.72

⊙53 **石片端刮器**

- ㎜ 长 32.19、宽 35.25、厚 10.29 毫米
- 源 法国伊斯蒂里兹洞穴（Grottes d'Isturitz）遗址
- No 50.2.7.54

⑩54 石片端刮器

- (mm) 长 43.28、宽 41.56、厚 17.35 毫米
- (源) 法国塞尔亚克（Sergeac）市镇
- (No) 50.2.8.113

⊙55 船底形端刮器（石核）

- ㎜ 长 48.69、宽 34.86、厚 22.31 毫米
- 源 法国菲拉西（La Ferrassie）遗址
- No 50.？.8.？

⊙56 **船底形端刮器**（石核）

- ⑩ 长 44.45、宽 37.70、厚 22.09 毫米
- 源 法国派尔－农－派尔（Pair-non-Pair）遗址
- No 50.？.8.？

⑤⑦ 船底形端刮器（石核）

🔘 长 45.64、宽 29.59、厚 20.18 毫米

🔘 法国莱塞济（Les Eyzies）遗址

🔘 50.2.8.135

mm 长 46.20、宽 23.38、厚 19.63 毫米

源 法国派尔－农－派尔（Pair-non-Pair）遗址

No 50.2.8.30

⑤⑨ 船底形端刮器（石核）

长 47.54、宽 41.84、厚 21.54 毫米

源 法国塞尔亚克（Sergeac）市镇

No 50.2.10.57

⑥⓪ 船底形端刮器（石核）

mm 长 50.44、宽 39.24、厚 20.64 毫米

源 法国派尔 – 农 – 派尔（Pair-non-Pair）遗址

No 50.2.8.153

⊙61 厚鼻形端刮器

- ㎜ 长 42.97、宽 38.83、厚 14.79 毫米
- 源 法国菲拉西（La Ferrassie）遗址
- No 50.2.8.140

厚鼻形端刮器

长 53.81、宽 31.13、厚 11.68 毫米

法国菲拉西（La Ferrassie）遗址

50.2.8.85

063 端刮器—雕刻器

- mm 长 37.12、宽 21.55、厚 6.86 毫米
- 源 法国塞尔亚克（Sergeac）市镇
- No 50.2.8.?

⒃ **端刮器—雕刻器**

㎜ 长 46.85、宽 18.79、厚 7.44 毫米

源 法国莱塞济（Les Eyzies）遗址

No 50.2.8.32

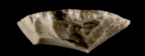

065 **端刮器—雕刻器**

长 47.06、宽 21.88、厚 5.39 毫米

法国莱塞济（Les Eyzies）遗址

50.2.8.36

ⓞ66 端刮器—雕刻器

🔘 长 54.22、宽 28.65、厚 9.36 毫米

🔘 无标记

🔘 无编号

067 端刮器—雕刻器

🔘 长 48.34、宽 28.22、厚 7.23 毫米

🔘 无标记

🔘 无编号

⊙68 **端刮器—雕刻器**

🔘 长 51.38、宽 34.98、厚 8.80 毫米

源 法国塞尔亚克（Sergeac）市镇

No 50.2.8.47

○69 **端刮器—雕刻器**

㎜ 长 47.74、宽 28.87、厚 11.12 毫米

源 法国塞尔亚克（Sergeac）市镇

№ 50.2.8.54

⑦⑦ 端刮器—雕刻器

- ⟨mm⟩ 长 75.16、宽 27.21、厚 7.51 毫米
- ⟨源⟩ 法国莱塞济（Les Eyzies）遗址
- ⟨No⟩ 50.2.8.68

端刮器—雕刻器

mm 长 67.04、宽 27.54、厚 7.07 毫米

源 法国塞尔亚克（Sergeac）市镇

No 50.2.8.65

⊙72 端刮器—雕刻器

mm 长 41.75、宽 30.57、厚 15.90 毫米

源 不确定（Lacan）[1]

No 50.2.8.84

① 标本上铅笔标记为 Lacam，可能是由拉坎（Lacam）调查和收集的来自法国南部格拉马（Le Cuzoul De Gramat）遗址中的材料，这批材料年代复杂，但总体属于中石器时代的阿奇利（Azilian）传统。此地点收录到此书的石器主要为雕刻器，是旧石器时代晚期常见的石器类型，故将其暂放在旧石器时代晚期一章。

⑩73 端刮器—雕刻器

- ㎜ 长 59.42、宽 29.62、厚 12.64 毫米
- 源 法国莱塞济（Les Eyzies）遗址
- No 50.2.8.98

⊙74 端刮器—雕刻器

- ⊙ 长 47.91、宽 29.02、厚 6.93 毫米
- 源 法国洛热列沙洲（Laugerie Basse）遗址
- № 50.2.10.24

⊙75 端刮器—雕刻器（截端）

- **mm** 长 43.08、宽 29.12、厚 9.10 毫米
- **源** 不确定（Lacan）
- **No** 50.2.8.45

076 端刮器—雕刻器（截端）

长 36.95、宽 21.12、厚 8.73 毫米

源 法国塞尔亚克（Sergeac）市镇

No 50.2.8.78

⑦77 钻—雕刻器

长 98.32、宽 24.55、厚 7.84 毫米

法国勒普拉卡尔德（Le Placard）遗址

50.2.8.69

(078) **钻**

mm 长 43.77、宽 24.23、厚 6.10 毫米

源 法国塞尔亚克（Sergeac）市镇

No 50.2.8.29

(079) 钻

- (mm) 长 36.78、宽 25.13、厚 6.15 毫米
- (源) 法国塞尔亚克（Sergeac）市镇
- (No) 50.2.8.25

218

⑧⁰ 钻

- ⓜ 长 54.34、宽 28.83、厚 9.99 毫米
- 源 法国塞尔亚克（Sergeac）市镇
- № 50.2.8.41

ⓞ⁸¹ 钻

- ⓜ 长 51.20、宽 14.00、厚 4.01 毫米
- 源 法国洛热列沙洲（Laugerie Basse）遗址
- № 50.2.10.15

ⓄⒷⒶ 钻

🄼🄼 长 25.21、宽 16.13、厚 3.51 毫米

源 法国莱塞济（Les Eyzies）遗址

No 50.2.8.160

ⓄⒷⒸ 屋脊形雕刻器

🄼🄼 长 38.18、宽 17.65、厚 5.67 毫米

源 法国莱塞济（Les Eyzies）遗址

No 50.2.8.？

⓪⁸⁴ 屋脊形雕刻器

- ㎜ 长 40.74、宽 15.76、厚 7.82 毫米
- 源 法国马勒莫尔（Malemort）市镇
- No 50.2.8.26

ⓞ85 屋脊形雕刻器

🔘 长 51.00、宽 18.47、厚 6.44 毫米

🔘 法国塞尔亚克（Sergeac）市镇

🔘 50.2.8.36

⊙86 屋脊形雕刻器

- ⓜ 长 36.11、宽 19.92、厚 4.17 毫米
- ⓢ 法国莱塞济（Les Eyzies）遗址
- Nⓞ 50.2.8.33

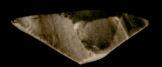

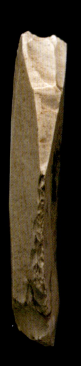

⑧⑦ 屋脊形雕刻器

🔘 长 79.20、宽 83.60、厚 31.20 毫米

🔘 法国马勒莫尔（Malemort）市镇

🔘 50.2.8.53

⊙88 **屋脊形雕刻器**

- ㎜ 长 27.18、宽 17.24、厚 6.03 毫米
- 源 法国马尔苏拉（Marsoulas）遗址
- No 50.2.8.158

⑧⑨ 屋脊形雕刻器

- mm 长 71.51、宽 36.18、厚 8.37 毫米
- 源 法国蒙捷（Monthiers）市镇
- No 50.2.10.13

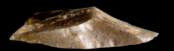

⑨⓪ 屋脊形雕刻器

- ㎜ 长 51.58、宽 17.93、厚 10.56 毫米
- 源 不确定（Lacan）
- № 50.2.8.51

—— 北京大学藏 ——
裴文中捐赠石器选粹

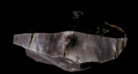

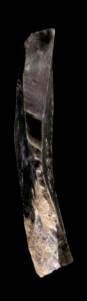

091 **屋脊形雕刻器**

mm 长 44.87、宽 19.80、厚 7.63 毫米

源 法国莱塞济（Les Eyzies）遗址

No 50.2.8.23

092 偏刃雕刻器

mm 长 56.34、宽 28.79、厚 11.41 毫米

源 法国塞尔亚克（Sergeac）市镇

No 50.2.8.60

⊙93 偏刃雕刻器

🔵mm 长 45.18、宽 23.42、厚 6.70 毫米

🔵源 法国塞尔亚克（Sergeac）市镇

🔵No 50.2.8.34

⑩94 偏刃雕刻器

- ⓜ 长 60.88、宽 26.77、厚 9.99 毫米
- ㊙ 不确定（Lacan）
- ⓝ 50.2.8.57

⑨ 偏刃雕刻器

- ▥ 长 50.85、宽 31.36、厚 6.43 毫米
- 源 法国塞尔亚克（Sergeac）市镇
- № 50.2.8.42

⑥96 **偏刃雕刻器**

mm 长 48.25、宽 25.90、厚 8.26 毫米

源 法国菲拉西（La Ferrassie）遗址

No 50.2.8.43

⑲⑺ 偏刃雕刻器（鸡冠状石叶毛坯）

- ㎜　长 40.70、宽 17.21、厚 9.54 毫米
- 源　法国塞尔亚克（Sergeac）市镇
- No　50.2.8.27

○98 偏刃雕刻器

(mm) 长 54.14、宽 29.98、厚 11.03 毫米

(源) 法国塞尔亚克（Sergeac）市镇

(No) 50.2.8.49

(099) **偏刃雕刻器**

mm 长 46.99、宽 24.27、厚 7.70 毫米

源 法国塞尔亚克（Sergeac）市镇

No 50.2.8.37

⑩ 偏刃雕刻器

- ㎜ 长 50.79、宽 24.75、厚 16.83 毫米
- 源 法国塞尔亚克（Sergeac）市镇
- No 50.2.8.142

ⓘ 偏刃雕刻器

🔵 长 53.67、宽 21.07、厚 5.75 毫米

🔵 法国洛热列沙洲（Laugerie Basse）遗址

🔵 50.2.10.10

⑩2 偏刃雕刻器

🔲 长 40.25、宽 30.68、厚 11.61 毫米

📍 法国蒙捷（Monthiers）市镇

No 50.2.10.17

（103） **偏刃雕刻器**

▥ 长 36.88、宽 24.03、厚 9.71 毫米

源 法国圣日耳曼－德拉里维耶尔（Saint-Germain-de-la-Rivière）遗址

№ 50.2.10.18

⑩ 偏刃雕刻器

- ㎜ 长 56.69、宽 34.58、厚 15.51 毫米
- 源 法国派尔 - 农 - 派尔（Pair-non-Pair）遗址
- No 无编号

106 角雕刻器

- mm 长 70.31、宽 24.10、厚 6.51 毫米
- 源 法国塞尔亚克（Sergeac）市镇
- No 50.2.8.61

⑩7 **钩形雕刻器**

mm 长 34.53、宽 16.85、厚 6.58 毫米

源 法国塞尔亚克（Sergeac）市镇

No 50.2.8.130

⑩8 斜刃截端雕刻器

- ⓜⓜ 长 34.53、宽 16.85、厚 6.58 毫米
- 源 法国莱塞济（Les Eyzies）遗址
- Nº 50.2.8.22

(109) 斜刃截端雕刻器

mm 长 59.04、宽 20.75、厚 6.36 毫米

源 法国蒙捷（Monthiers）市镇

No 50.2.10.9

⑪⓪ 斜刃截端雕刻器

- ㎜ 长 67.65、宽 29.31、厚 7.68 毫米
- 源 法国塞尔亚克（Sergeac）市镇
- No 50.2.8.61

Ⅲ **斜刃截端雕刻器**

mm 长 70.47、宽 24.93、厚 6.31 毫米

源 法国塞尔亚克（Sergeac）市镇

No 50.2.8.67

⑪² 斜刃截端雕刻器

- ㎜ 长 44.77、宽 30.63、厚 6.67 毫米
- 源 法国塞尔亚克（Sergeac）市镇
- № 50.2.8.39

⑪3 平雕刻器

- ⓜ 长 46.04、宽 25.90、厚 10.40 毫米
- 源 法国马勒莫尔（Malemort）市镇
- No 50.2.8.38

114 平雕刻器

长 63.26、宽 35.76、厚 11.53 毫米

法国拉罗舍特（La Rochette）遗址

No 50.2.8.58

⑪₅ **雕刻器小片**

mm 长 40.42、宽 5.13、厚 5.84 毫米

源 法国塞尔亚克（Sergeac）市镇

No 50.2.8.10

⑪⑥ **雕刻器小片**

🔘 长 48.15、宽 10.24、厚 4.24 毫米

🔘 法国塞尔亚克（Sergeac）市镇

🔘 50.2.8.18

(II7) **雕刻器小片**

mm 长 46.20、宽 10.49、厚 6.21 毫米

源 法国塞尔亚克（Sergeac）市镇

No 50.2.8.4

⑪⑧ 雕刻器过击石片

- ㎜ 长 44.72、宽 6.35、厚 17.67 毫米
- 源 法国塞尔亚克（Sergeac）市镇
- No 50.2.8.3

Ⅱ9 **微型格拉维特尖状器**

mm 长 47.03、宽 10.26、厚 4.05 毫米

源 法国格拉维特（La Gravette）遗址

No 50.2.8.159

(120) **单边连续修理石叶**

mm 长 76.39、宽 21.77、厚 5.61 毫米

源 法国洛热列沙洲（Laugerie Basse）遗址

No 50.2.10.19

(I2I) 单边连续修理石叶（近端）

- mm 长 44.80、宽 24.81、厚 6.83 毫米
- 源 法国塞尔亚克（Sergeac）市镇
- No 50.2.8.83

⒤ 单边连续修理石叶（中段＋远端）

- ⓜ 长 72.05、宽 21.26、厚 7.53 毫米
- 源 法国马格德林（La Madeleine）遗址
- No 50.2.10.39

(123) **双边连续修理石叶**

- mm 长 89.50、宽 31.51、厚 8.82 毫米
- 源 法国菲拉西（La Ferrassie）遗址
- No 50.2.8.108

124 奥瑞纳石叶（残段）

mm 长 43.07、宽 19.63、厚 7.22 毫米

源 法国派尔-农-派尔（Pair-non-Pair）遗址

No 50.2.8.87

⑫ 奥瑞纳石叶（残段）

- ㎜ 长 47.23、宽 19.19、厚 10.18 毫米
- 源 法国菲拉西（La Ferrassie）遗址
- No 50.2.8.70

⑫⑥ 奥瑞纳石叶（残段）

ⓜ 长 37.89、宽 20.17、厚 8.60 毫米

源 法国塞尔亚克（Sergeac）市镇

No 难以识别

（127） **桂叶形尖状器**（残段）

mm 长 64.49、宽 49.09、厚 11.82 毫米

源 法国圣让勒布朗（Saint Jean de Blanc）市镇

No 50.2.9.12

⑫ 桂叶形尖状器（残段）

- ㎜ 长 48.26、宽 42.16、厚 10.05 毫米
- 源 法国圣让勒布朗（Saint Jean de Blanc）市镇
- No 50.2.9.8

(129) 桂叶形尖状器（残段）

- ㎜ 长 26.67、宽 17.70、厚 6.37 毫米
- 源 法国洛热列沙洲（Laugerie Basse）遗址
- No 50.2.9.7

⑬⓪ 桂叶形尖状器（残段）

- **mm** 长 44.42、宽 19.82、厚 4.64 毫米
- **源** 法国上洛热列（Laugerie Haute）遗址
- **No** 50.2.9.18

（131） **桂叶形尖状器**（残段）

长 34.40、宽 27.52、厚 6.69 毫米

法国巴德古勒（Badegoule）遗址

50.2.9.15

⑬ **桂叶形尖状器**（残段）

mm　长 34.55、宽 31.08、厚 4.83 毫米

源　法国上洛热列（Laugerie Haute）遗址

No　50.2.9.2

⑬ 桂叶形尖状器（残段）

- ⬤ 长 39.68、宽 26.21、厚 6.02 毫米
- ⬤ 法国圣让勒布朗（Saint Jean de Blanc）市镇
- No 50.2.9.19

134 桂叶形尖状器（残段）

- mm 长 41.02、宽 22.79、厚 6.00 毫米
- 源 法国圣让勒布朗（Saint Jean de Blanc）市镇
- No 50.2.9.4

(135) **有肩尖状器**

- ㎜ 长 66.31、宽 27.10、厚 9.70 毫米
- 源 法国上洛热列（Laugerie Haute）遗址
- No 50.2.9.?

⑬⑥ 有肩尖状器（梭鲁特尖状器）

mm 长 62.29、宽 16.20、厚 4.82 毫米

源 法国圣让勒布朗（Saint Jean de Blanc）市镇

No 50.2.9.9

⑬⑦ 有肩尖状器 (梭鲁特尖状器)

mm 长 55.68、宽 13.03、厚 4.57 毫米

源 法国勒普拉卡尔德（Le Placard）遗址

No 50.2.9.29

⑬⑧ 有肩尖状器

- ㎜ 长 61.43、宽 16.97、厚 3.70 毫米
- 源 法国勒普拉卡尔德（Le Placard）遗址
- No 50.2.9.?

⑬⁹ 有肩尖状器

mm 长 47.40、宽 14.99、厚 5.44 毫米

源 法国勒普拉卡尔德（Le Placard）遗址

No 50.2.9.10

⑭ 有肩尖状器

- ㎜ 长 53.99、宽 12.66、厚 4.87 毫米
- 源 法国勒普拉卡尔德（Le Placard）遗址
- No 50.2.9.16?

⑭₁ 有肩尖状器

长 54.56、宽 12.78、厚 5.03 毫米

法国圣让勒布朗（Saint Jean de Blanc）市镇

50.2.9.6

⑭2 斜截端石叶

- ⓜ 长 68.94、宽 21.98、厚 6.48 毫米
- 源 法国马勒莫尔（Malemort）市镇
- № 50.2.8.103

⑭③ **琢背石叶**（格拉维特尖状器）

㎜ 长 59.65、宽 13.10、厚 6.10 毫米

源 法国格拉维特（La Gravette）遗址

№ 50.2.8.19

Ⓘ44 **琢背小石叶**（微型雕刻器）

🔘 长 39.77、宽 8.73、厚 3.75 毫米

🔘 法国圣日耳曼－德拉里维耶尔（Saint-Germain-de-la-Rivière）遗址

🔘 50.2.10.42

(145) **琢背小石叶**

mm　长 37.23、宽 5.35、厚 2.73 毫米

源　法国圣日耳曼 – 德拉里维耶尔（Saint-Germain-de-la-Rivière）遗址

No　50.2.10.25

(146) 琢背小石叶

- mm 长 36.88、宽 7.62、厚 3.43 毫米
- 源 法国圣日耳曼－德拉里维耶尔（Saint-Germain-de-la-Rivière）遗址
- No 50.2.10.44

284

Ⓘ47 **琢背小石叶**

㎜ 长 38.15、宽 6.73、厚 3.45 毫米

源 法国洛热列沙洲（Laugerie Basse）遗址

No 50.2.10.54

⒁⒏ 琢背小石叶

- ㎜ 长 36.28、宽 6.60、厚 3.19 毫米
- 源 法国圣日耳曼－德拉里维耶尔（Saint-Germain-de-la-Rivière）遗址
- No 50.2.10.47

286

—— 北京大学藏 ——
裴文中捐赠石器选粹

⑭⑨ 琢背小石叶

- ㎜ 长 39.21、宽 7.95、厚 3.25 毫米
- 源 法国圣日耳曼 – 德拉里维耶尔（Saint-Germain-de-la-Rivière）遗址
- No 50.2.10.48

⑮ 琢背小石叶

- (mm) 长 34.68、宽 7.33、厚 3.32 毫米
- (源) 法国圣日耳曼–德拉里维耶尔（Saint-Germain-de-la-Rivière）遗址
- (No) 50.2.10.49

⑮ 琢背小石叶

🔘 长 30.21、宽 7.88、厚 3.20 毫米

🔘 法国圣日耳曼 – 德拉里维耶尔（Saint-Germain-de-la-Rivière）遗址

🔘 50.2.10.50

⑮2 **琢背小石叶**

🔘mm 长 34.20、宽 6.56、厚 3.90 毫米

🔘源 法国塞尔亚克（Sergeac）市镇

🔘No 50.2.8.1

153 琢背小石叶

长 34.89、宽 6.25、厚 4.09 毫米

法国塞尔亚克（Sergeac）市镇

No 50.2.8.2

⑮₄ 琢背小石叶

- ⓜ 长 32.20、宽 11.22、厚 2.95 毫米
- 源 法国塞尔亚克（Sergeac）市镇
- № 50.2.8.11

(155) **琢背小石叶**

- (mm) 长 28.72、宽 6.44、厚 3.48 毫米
- (源) 法国圣日耳曼－德拉里维耶尔（Saint-Germain-de-la-Rivière）遗址
- (No) 50.2.8.12

⑯ **琢背小石叶**

mm 长 35.92、宽 6.91、厚 2.60 毫米

源 法国圣日耳曼－德拉里维耶尔（Saint-Germain-de-la-Rivière）遗址

No 50.2.8.13

157 琢背小石叶

🔲 长 38.30、宽 7.43、厚 4.13 毫米

源 法国圣日耳曼－德拉里维耶尔（Saint-Germain-de-la-Rivière）遗址

No 50.2.8.14

ⓘ58 琢背小石叶

- ⓜ 长 32.84、宽 6.73、厚 3.30 毫米
- ⓢ 法国圣日耳曼－德拉里维耶尔（Saint-Germain-de-la-Rivière）遗址
- ⓝ 50.2.10.55

⑮⑨ **截端琢背小石叶**

㎜ 长 27.80、宽 9.93、厚 4.18 毫米

源 法国圣日耳曼－德拉里维耶尔（Saint-Germain-de-la-Rivière）遗址

No 50.2.10.51

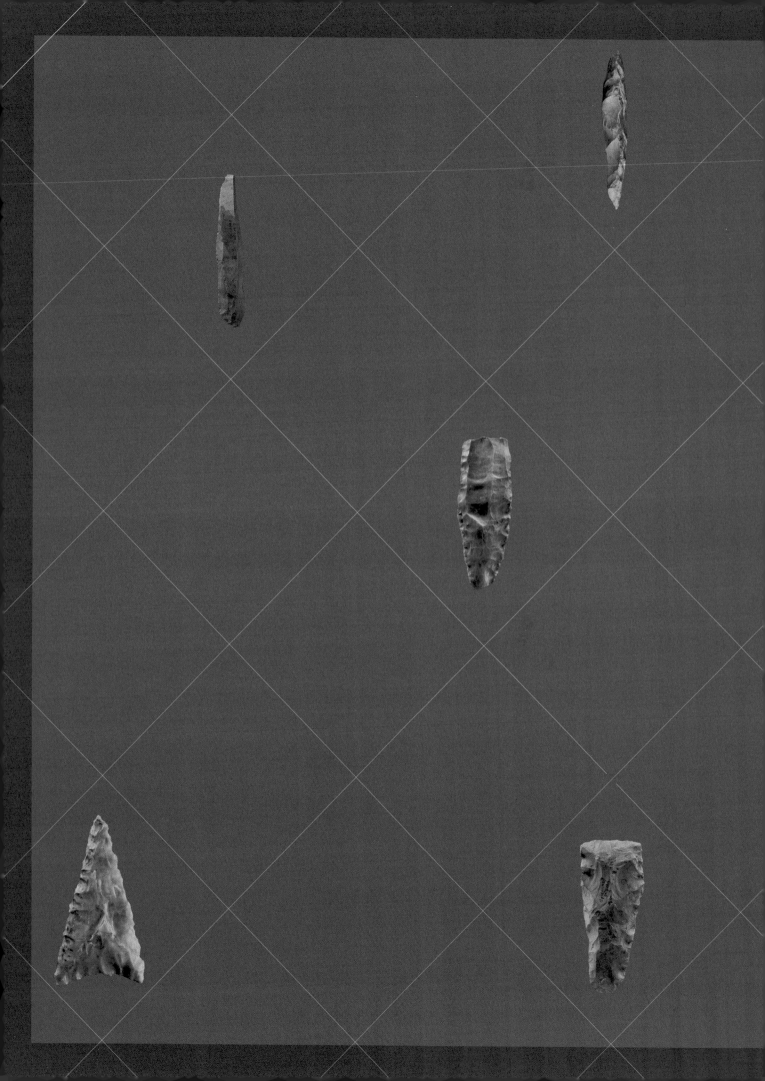

3

中石器时代
及新石器时代

石制品

⊙⊙I 石叶石核

- ㎜ 长 250.26、宽 87.61、厚 50.91 毫米
- 源 法国大普雷西尼（Le Grand-Pressigny）市镇
- No 50.2.12.13

⊙⊙2 石叶石核

- (mm) 长 163.30、宽 82.38、厚 37.89 毫米
- (源) 比利时斯皮耶纳（Spiennes）遗址
- (No) 50.2.12.11

ⓄⓄ③ 石 叶

- ⓜ 长 151.11、宽 27.60、厚 11.47 毫米
- ⓢ 比利时斯皮耶纳（Spiennes）遗址
- Ⓝⓞ 50.2.12.9

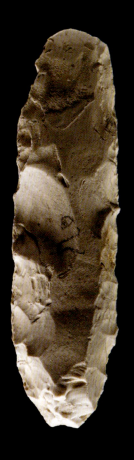

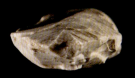

（004） 石 镐

- 长 113.68、宽 31.74、厚 16.59 毫米
- 奥尔特 · 梅尼尔（Ault du Mesnil）私人收藏
- No 50.2.2.6

○○5 **石 镐**

mm 长 139.64、宽 34.60、厚 22.47 毫米

源 比利时斯皮耶纳（Spiennes）遗址

No 50.2.12.7

⑥ 石镐

mm　长 101.08、宽 31.37、厚 21.79 毫米

源　奥尔特·梅尼尔（Ault du Mesnil）私人收藏

No　50.2.12.8

 **石锛**

⬜ 长 135.72、宽 57.89、厚 20.14 毫米

源 比利时斯皮耶纳（Spiennes）遗址

No 50.2.12.5

 **石锛**

长 131.28、宽 62.75、厚 32.67 毫米

比利时斯皮耶纳（Spiennes）遗址

50.2.12.4

⊙009 石 镞

mm 长 32.62、宽 17.54、厚 4.03 毫米

源 无标记

No 无编号

OIO 磨制石斧

- 长 115.52、宽 57.69、厚 26.27 毫米
- 无标记
- No 50.2.12.2

⓫ **磨制石斧**

㎜ 长 89.59、宽 46.07、厚 23.30 毫米

源 法国瓦兹（L'Oise）省

No 50.2.12.1

附 录

旧石器时代早、中期类型学 [①]

I.

典型勒瓦娄哇石片
Éclats Levallois typique/Typical Levallois flake [②]

采用勒瓦娄哇技术剥片，石片大体上沿技术轴对称，厚度相对于长、宽较薄，背面较平坦。

2.

非典型勒瓦娄哇石片
Éclats Levallois atypique/Atypical Levallois flake

同类型 1，鉴别的标准存在差异，如厚度较厚，保留有较多石皮等。

3.

勒瓦娄哇三角形石片
Pointe Levallois/Levallois point [③]

采用勒瓦娄哇技术剥取的三角形石片，包含中脊，有时在近台面端保留有前序剥片留下的三角形剥离痕。未进行进一步修理。

---

① 附录文字及线图来自博尔德（François Bordes）1961 年所著的《旧石器时代早、中期的类型学》（*Typologie du Paléolithique Ancien et Moyen*），以及德贝纳斯（André Debénath）和迪布尔（Harold L. Dibble）1994 年所著的《旧石器时代类型学手册 —— 欧洲旧石器时代早、中期》（*Handbook of Paleolithic Typology-Lower and Middle Paleolithic of Europe*）。为了方便阅读和排版，此处引用的石制品线图未保留比例尺。

② 前为法语，后为英语。

③ 也有学者将其翻译成勒瓦娄哇尖状器。

4.

修理的勒瓦娄哇三角形石片
Pointe Levallois retouchées/Retouched Levallois point

同类型 3，但进行了进一步修理。修理程度一般较轻，主要针对尖部两侧边进行修整。

5.

假勒瓦娄哇三角形石片
Pointe pseudo-Levallois/Pseudo-Levallois point

类似于类型 4，但是通过盘状石核剥片技术剥片，并且其剥片技术轴与形态轴是倾斜的。

6.

莫斯特尖状器
Pointe Moustêriennes/Mousterian point

毛坯石片为三角形、亚三角形，有时为菱形，采用或不采用勒瓦娄哇技术剥片，尖部进行了显著的修理。整体形态在长轴上大体较平。

7.

修长形莫斯特尖状器
Pointe Moustêriennes allongées/Elongated Mousterian point

同类型 6，主要在长宽比上存在差异，长度至少为宽度的两倍。

8.

平—凸面双尖尖状器
Limace/Limace

器身一般较厚，一面较凸出，一面较平，两端均为
尖部，并且两侧边经过修理，为两侧对称的双尖尖
状器。尖部有时呈圆弧状，但未达到端刮器的程度。

单刃刮削器 (Racloirs simples/Single scrapers)

仅有一条修理刃缘的石片，非陡直正向修理，如果修理的刃缘为某一侧边，则一
般称为边刮器（Sidescrapers）。

根据刃缘的形态可分为直刃、凸刃、凹刃。

9.

直刃
Droits/Straight

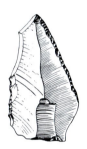

IO.

凸刃
Convexes/Convex

II.

凹刃
Concaves/Concave

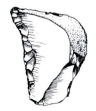

双刃刮削器 (Racloirs doubles/Double scrapers)

有两条不汇聚的修理刃缘。

根据两侧不汇聚刃缘的形态组合可分为直—直刃、直—凸刃、直—凹刃、凸—凸刃、凹—凹刃、凸—凹刃。

12.
直—直刃
Double droits/Double straight

13.
直—凸刃
Droits-convexes/Straight-convex

14.
直—凹刃
Droits-concaves/Straight-concave

15.
凸—凸刃
Biconvexes/Double convex

16.
凹—凹刃
Biconcaves/Double concave

17.
凸—凹刃
Convexes-concaves/Convex-concave

聚刃刮削器 (Racloirs convergent/Convergent scrapers) [①]

有两条汇聚的修理刃缘，一般在远端汇聚。并且汇聚处不能过尖，也不呈圆弧状。

根据两侧汇聚刃缘的形态可分为直刃、凸刃、凹刃。

18.
直刃
Droits/Straight

---

① 聚刃刮削器和尖状器的区分向来是博尔德类型学中争论最多的一点，现实操作中因无量化的标准，以至于不同学者针对同一标本分类的重复
性较差。此处显示的多数聚刃刮削器在中国学者的分类中通常会被归入尖状器中。开展相关的量化分析应是解决途径，比如测量统计尖部尖
角的分布等。

19.
凸刃
Convexes/Convex

20.
凹刃
Concaves/Concave

21.
斜轴刮削器
Racloir déjetés/Déjetés scraper[①]

聚刃刮削器中特殊的一类，技术轴和形态轴之间的
夹角大于 45°。

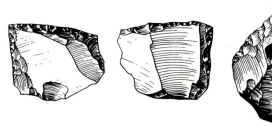

单横刃刮削器 (Racloirs transversaux/Single transverse scrapers)

同单刃刮削器，修理的刃缘与台面相对。与端刮器的区别是，相较于其他刃缘，横刃刮削器的远端修
理刃缘最长。

根据刃缘的形态可分为直刃、凸刃、凹刃。

22.
直刃
Droits/Straight

---

① 也有学者翻译为歪斜刮削器。

23.
凸刃
Convexes/Convex

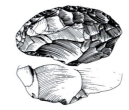

24.
凹刃
Concaves/Concave

25.
腹向修理刮削器
Racloir sur face plane/Scraper on interior surface

进行反向修理的刮削器。

26.
陡直修理刮削器
Racloirs à retouche abrupte/Abrupt scraper

对刃缘进行了陡直或半陡直修理的刮削器。

27.

背部减薄刮削器

Racloir à dos aminci/Scraper with thinned back

对修理刃缘相对的刃缘进行了减薄处理，通常是通过剥离较大、较平的石片来进行减薄，减薄位置在腹面或者两面。

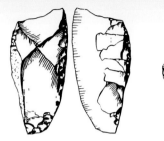

28.

两面修理刮削器

Racloir à retouche biface/Scraper with bifacial retouch

对一侧刃缘进行了连续两面修理的刮削器。相较于两面器，该类别修疤不侵入，并且刃缘相对较平。

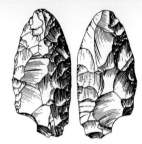

29.

错向修理刮削器

Racloir alternes/Alternate scraper

一刃缘进行正向修理，另一刃缘进行反向修理的双刃刮削器。

30.

典型端刮器

Grattoir typiques/Typical endscraper

在一端（或两端）进行连续、非陡直修理的石片或石叶，修理刃缘的形态呈圆弧状。整体形状相对窄长，或修理端较窄。

31.

非典型端刮器

Grattoir atypiques/Atypical endscraper

同类型 30，但修疤不规整或不连续。

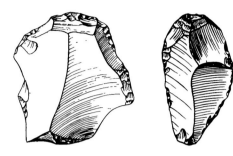

32.

典型雕刻器

Burin typiques/Typical burin

毛坯为石叶或石片，在毛坯某一边剥离下窄小的石片，剥离的石片所形成的面大体与毛坯腹面和背面相交的面垂直。剥离下的小石片通常称为雕刻器小片。

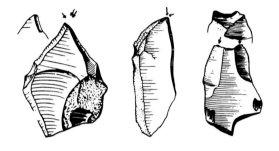

33.

非典型雕刻器

Burin atypiques/Atypical burin

同类型 32，但雕刻器刃口不规则。

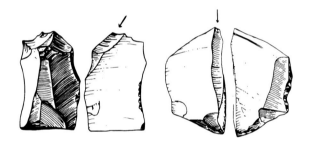

34.

典型钻器

Perçoir typiques/Typical perforator

毛坯为石叶或石片，有一个或多个平直、倾斜或弯曲的尖部，尖部由双侧边修理而成，有时是错向修理，具有单肩或者双肩。

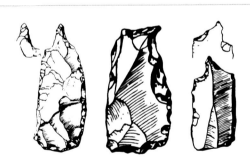

35.
非典型钻器
Perçoir atypiques/Atypical perforator

同类型 34，但尖部是由某种断裂（break）造成，
或尖部较厚。

36.
典型琢背刀
Couteau à dos typiques/Typical backed knife

毛坯为石片或石叶，一侧边为未修理的刃缘，相对
的另一侧边进行了陡直修理。

37.
非典型琢背刀
Couteau à dos atypiques/Atypical backed knife

同类型 36，但是修理边缘保有石皮，或进行了半陡
直修理。

38.
天然有背石刀
Couteau à dos naturel/Naturally-backed knife

未进一步修理的石片或石叶，一侧边具有较锋利的
刃缘，相对的另一侧边保有天然石皮（背），且该
天然面与腹面垂直或近似垂直。

39.
小边刮器或刮刀
Raclette/Raclette

毛坯为小且薄的石片，刃缘进行连续而陡直的错向或交互修理，修理较精致。修疤有时不规整，或呈锯齿状。具有近平行的两个面。几乎所有边缘都保留有连续、短小的陡状修疤。

40.
截端石器
Tronquée/Truncation

毛坯为石片或石叶，远端（或两端）进行了非常陡直的修理。其截端形态可以是直、凹、凸。

41.
莫斯特石刀
Tranchet Moustériens/Mousterian tranchet

毛坯为石片，与台面相对的位置具有一未修理或仅有使用痕迹的刃缘，通常垂直或倾斜于剥片技术轴。其余边缘通常进行陡直修理，保有石皮或有意断裂。

42.
凹缺器
Encoche/Notch

刃缘带有一次打击形成的凹缺，或一系列连续修理形成的凹缺的石器，凹缺在毛坯上的部位变异性大。

43
锯齿刃器
Denticulé/Denticulate

毛坯为石片或石叶，毛坯边缘有两个或多个连续或
不连续修理而成的小凹缺。凹缺可以是一次性打击
形成，也可以是一系列连续的修理形成。

44.
错向修理喙状器
Bec burinants alterne/Alternate retouched bec

毛坯为石片或石叶，具有两个连续的小型凹缺，分
别位于腹面和背面，二者汇聚形成了凸出的脊或尖
端，并且其相对于原始石片边缘更为倾斜。

45.
不规则腹向修理石片
Éclat et lame à retouche sur face plane/Flake with irregular
retouch on interior

毛坯为石片或石叶，刃缘进行不规整、不连续的反
向修理。与刮削器的区别在于其不规整的修疤不足
以将其归为刮削器。

陡直或交互修理石片 (Éclats et lames à retouche abrupte ou alterne épaisse/Flakes with abrupt and alternating retouch)

毛坯为石片，对一个或多个刃缘进行不规整、较小的陡直或交互修理。

根据毛坯的厚度可分为以下几类，"厚""薄"并未进行具体定义。

46.
陡直修理厚石片
Éclat et lame à retouche abrupte épaisse/Thick flake with abrupt retouch

47.
交互修理厚石片
Éclat et lame à retouche alterne épaisse/Thick flake with alternating retouch

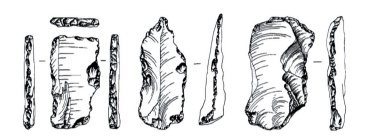

48.
陡直修理薄石片
Éclat et lame à retouche abrupte mince/Thin flake with abrupt retouch

49.
交互修理薄石片
Éclat et lame à retouche alterne mince/Thin flake with alternating retouch

50.
两面修理石片
Éclat et lame à retouche biface/Bifacially retouched flake

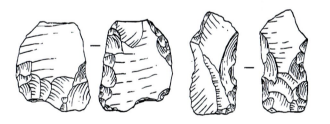

毛坯为石片或石叶，进行了有限的两面修理。修理位置及程度不足以将其归为两面修理刮削器或两面器。

51.

泰雅克尖状器 / 汇聚型锯齿刃器
Pointe de Tayac/Tayac point

毛坯通常为厚石片，两侧的锯齿状刃缘通常在远端汇聚，形成尖端。

52.

凹缺三角形器
Triangle à encoche/Notched Triangle

毛坯为三角形的石片残片，凹缺位于某一边缘，通常是原始石片的边缘。

53.

假微型雕刻器
Pseudo-microburin/Pseudo-microburin

毛坯为石叶，从侧边的凹缺中部进行横向打击，使其断裂。假微型雕刻器表现出的断裂不是人类有意造成的，而是埋藏后的破裂。

54.

端—凹缺器
Encoche en bout/End-notched flake

毛坯为石片或石叶，凹缺位于石器的远端。

55.
端刃砍刀
Hachoir/Hachoir

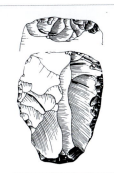

毛坯为厚石片，远端进行了两面修理，使其形成
直或凸的形态。通常两面修理不规整。

56.
刨形端刮器
Rabot/Rabot

毛坯为厚石片或石核的大型端刮器。通常为陡直
或半陡直修理。在欧洲旧石器时代早、中期少见，
有时代表石核而非工具。

带铤工具 (Outils pédonculé/Stemmed pieces)

通常在近端具有铤的结构。进行陡直或两面修理形成铤部。

可分为以下两类：带铤尖状器、其他带铤工具。

57.
带铤尖状器
Pointe pédonculées/Stemmed point

58.

其他带铤工具
Outil pédonculé/Stemmed tool

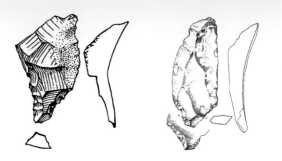

59.

单面砍砸器
Chopper/Chopper

毛坯是砾石，进行单面修理，并且修理刃缘不对称。

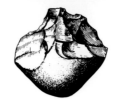

60.

背部修理砍砸器
Chopper Inverses/Inverse chopper

毛坯是劈裂开的砾石（split pebbles），在其背面
进行单面修理。

61.

双面砍砸器
Chopping-tool/Chopping-tool

毛坯是砾石，进行两面修理，通常为交互修理，
刃缘呈现出曲折的形态。

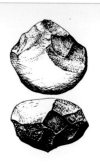

62.
其他工具
Divers/Miscellaneous

其他不属于上述类别的修理石器，包含人类有意
进行修理或独特的石器。

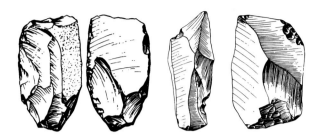

63.
桂叶形两面器
Pièce foliacée biface/Bifacial foliate

进行两面修理的修长、对称的叶状器，石器两面
通常接近通体修理，两端通常呈尖状或圆弧状。

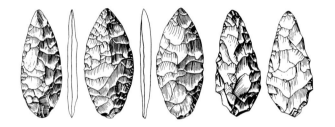

旧石器时代晚期类型学 [①]

（一）端刮器 (Grattoirs/Endscrapers) [②]

远端具有单面修理的石片或石叶（有时修理部位为近端）。

1.

简单端刮器

Grattoir simple/ Simple endscrape

单端具有单面、连续、非陡状修疤的石片或石叶，
修理刃缘形态通常为圆弧形，有时平直或倾斜。

2.

不典型端刮器

Grattoir atypique/Atypical endscraper

同类型 1，但修疤不规整或不连续。

---

① 本附录翻译自 1954 — 1956 年，索纳维尔−博尔德 (Denise de Sonneville-Bordes) 与佩罗特 (Jean Perrot) 在《法国史前学会通报》(*Bulletin de la Société préhistorique française*) 发表的文章，中文版本曾发表于《人类学学报》2018 年第 37 卷第 4 期，第 613~630 页。本书编写时将原文中的相应石制品线图也引用到此，以便读者更好地理解不同的石制品类型。为了方便阅读和排版，此处未保留石制品线图的比例尺。
② 前为法语，后为英语。

3.
双端端刮器
Grattoir double/Double endscraper

近端和远端皆修理出端刃的石片或石叶，侧边有
时修理，有时不修理。

4.
尖拱形端刮器
Grattoir ogival/Arched endscraper

石片或石叶端刮器，但侧缘修理并与端刃缘共同
形成哥特式建筑的尖拱形（端刃由两个略微中凸
的侧边聚合形成）。

5.
修理石叶或石片端刮器
Grattoir sur lame ou éclat retouché/Endscraper on a blade
or retouched flake

一侧边或两侧边连续修理的石片或石叶端刮器。

6.
奥瑞纳石叶端刮器
Grattoir sur lame aurignacienne/Endscraper on an
Aurignacian blade

见类型67（修理端刃的奥瑞纳石叶）。

7.

扇形端刮器

Grattoir en éventail/Fanned endscraper

半圆形刃缘的短端刮器。远端较宽且有时其上剥离
小石叶（bladelet）；近端较窄且有时有修理疤。

8.

石片端刮器

Grattoir sur éclat/Endscraper on a flake

以形态各异的宽石片为毛坯的端刮器，修理边缘
常延伸至石片除台面端的大部分刃缘。

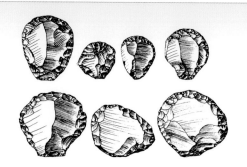

9.

圆形端刮器

Grattoir circulaire/Circular endscraper

以圆形石片为毛坯的端刮器，修理石片的所有边缘。

IO.

拇指盖端刮器

Grattoir unguiforme/Thumbnail endscraper

尺寸较短且形似拇指盖状的端刮器。

II.

船底形端刮器
Grattoir caréné/Carinated endscraper

以厚石片为毛坯的端刮器，纵截面为一面平、一面凸的组合，类似于船体位于水下的龙骨截面。修理边缘有小石叶（bladelet）疤是该器物类型的重要判定特征，小石叶疤有时宽短，有时窄长。

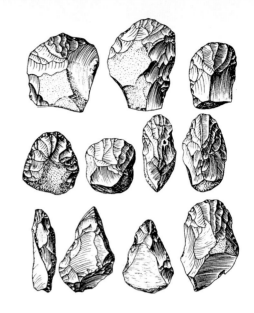

I2.

不典型的船底形端刮器
Grattoir caréné atypique/Atypical carinated endscraper

同类型 11，但剥片疤尺寸过大而非小石叶疤，或纵截面的形态不规则。

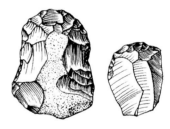

I3.

厚鼻形端刮器
Grattoir épais à museau/Thick muzzled endscraper 或 Nosed endscraper

刃缘外凸，通常是由小石叶疤形成的厚石片或石叶端刮器（刃缘通常具有厚三棱状、四面体或者五角形的横截面）。

I4.

扁鼻形或有肩端刮器

Grattoir plat à museau ou à épaulement/Flat muzzled or shoulder endscraper

具有较厚凸出修理刃缘的石叶或薄石片端刮器，若刃缘两侧修理形成凸出的刃口则为扁鼻形端刮器，若单侧修理则为有肩端刮器。

I5.

石核端刮器

Grattoir nucléiforme/Core endscraper

通过石核台面一个扇区的修整形成的端刮器。

I6.

半球形石核（刨形）端刮器

Rabot/Hemispherical endscraper

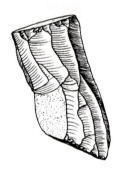

同类型 15，石核通常是柱状石核（很少是锥状），在台面的一边修整形成的端刮器，刃缘直或凸，纵截面非常斜或接近垂直（与类型 15 的关键区别在于修理的端刃不局限于石核台面的局部区域，而是整个石核台面边缘）。

（二）混合型工具 (Outils composites/Combination tools)

不同类型在同一件石器上的结合。

I7.

端刮器—雕刻器

Grattoir-burin/Endscraper-burin

以石片或者石叶为毛坯，一端为端刮器，另一端为雕刻器。

18.

端刮器—截端石叶
Grattoir-lame Tronquée/Endscraper-truncated blade

以石叶为毛坯，一端为端刮器，另一端（通常为近端）
为截端修理刃缘。

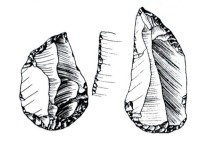

19.

雕刻器—截端石叶
Burin-lame tronquée/ Burin-truncated blade

以石叶为毛坯，一端为雕刻器，另一端（通常为近端）
为截端修理刃缘。

20.

钻—截端石叶
Perçoir-lame tronquée/Perforator-truncated blade

毛坯为石片或石叶，两端分别为钻和截端修理刃缘。

21.

钻—端刮器
Perçoir-grattoir/ Perforator-endscraper

毛坯为石片或石叶，两端分别为钻和端刮器。

22.

钻—雕刻器
Perçoir-burin/ Perforator-burin

毛坯为石片或石叶，两端分别为钻和雕刻器。

(三) 钻 (Perçoirs/Perforators)

毛坯为石叶、石片或者不完整石片，通常由一系列短的修疤形成一个汇聚的尖，形成尖部的两边是直或者凹的。

23.

钻
Perçoir/Perforator

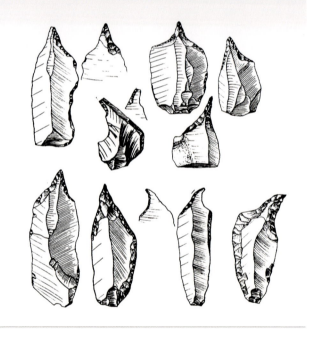

毛坯为石叶或石片，有一个平直、倾斜或弯曲的尖部，尖部是由双侧边修理而成，有时是错向修理，具有单肩或者双肩。

24.

不典型钻或喙状器
Perçoir atypique ou bec/Atypical perforator or bec

毛坯为石叶或石片，双侧边修理形成厚或宽的凸出部（与类型 23 的区别在于类型 23 着重对钻尖部的修理，而类型 24 侧重于修理尖部相邻的凹入部位）。

25.
复合钻或喙状器
Perçoir ou bec multiple/Multiple perforator or bec

毛坯为石片、石叶或小石叶，在多个部位加工成钻
或者喙状器，有时与凹缺的修理刃口组合。

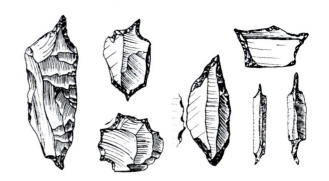

26.
微型钻
Microperçoir/Micro-perforator

以小石叶或者小型石片为毛坯加工的钻。

（四）雕刻器（Burins/Burins）

毛坯为石叶或石片，在毛坯侧面剥离下窄小的石片，剥离的石片所形成的面大体与毛坯腹
面与背面相交的面垂直。剥离下的小石片通常称为雕刻器小片（burin spall或burin flake），
留在毛坯上的雕刻器小片阴面称为雕刻器小面（burination）。

交叉刃雕刻器（Burin dièdre/Dihedral burin）：雕刻器刃口由剥离两个或多组雕刻器小片形
成的交界面构成，包括类型27～29、31。

截端毛坯雕刻器（Burin sur troncature retouchée/Burins on retouched truncations）：雕刻
器刃口由剥离一个或多个雕刻器小片和陡状修理的截端刃口形成的交界面构成，包括类
型33～42。

27.
屋脊形（正刃）雕刻器
Burin dièdre droit/Straight dihedral burin

雕刻器刃口由剥离两个或多组雕刻器小片形成的
交界面构成，刃口基本处在毛坯长轴或中心轴的位
置上。

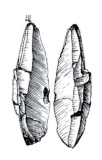

28.

偏刃雕刻器

Burin dièdre déjeté/Canted dihedral burin

雕刻器刃口由剥离两个或多组雕刻器小片形成的交界面构成，刃口偏离毛坯长轴或中心轴的位置。

29.

角雕刻器

Burin dièdre d'angle/Angled dihedral burin

雕刻器刃口由剥离两个或多组雕刻器小片形成的交界面构成，其中一个雕刻器小面与毛坯长轴或中心轴平行。

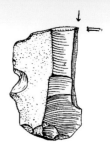

30.

断面角雕刻器

Burin d'angle sur cassure/Angled burin on a break

剥离一个或多个雕刻器小片形成雕刻器小面，且与毛坯长轴或中心轴平行，其与毛坯的断裂面构成雕刻器刃口。

31.

复合交叉刃雕刻器

Burin multiple dièdre/Multiple dihedral burin

具有多个雕刻器刃口，形成刃口的方式可以是类型27～30的组合。

32.

钩形雕刻器

Burin busqué/Hooked burin

符合偏刃雕刻器或角雕刻器的特征，通常是剥离多
个雕刻器小片形成雕刻器刃口，横向的雕刻器小面
常常是凸的，且雕刻器小片终止于修理而成的凹缺
刃口。

33.

鹦鹉嘴形雕刻器

Burin bec-de-perroquet/Parrot-beaked burin

以具有短且陡状修理的凸起截端边缘为台面剥离雕
刻器小片，雕刻器小面与截端边缘的夹角尖锐，毛
坯通常是石叶或者薄石片（形成雕刻器刃口两边平
面为凸—凹组合，类似于鹦鹉的喙）。

34.

直刃截端雕刻器

Burin sur troncature retouchée droite/Burin on a straight
retouched truncation

雕刻器小面与毛坯长轴或中心轴平行，与截端修理
的平直边缘垂直。

35.

斜刃截端雕刻器

Burin sur troncature retouchée oblique/Burin on an oblique
retouched truncation

雕刻器小面与毛坯长轴或中心轴基本平行，截端的
修理边缘倾斜于毛坯长轴或中心轴。

36.

凹刃截端雕刻器
Burin sur troncature retouchée concave/Burin on a concave retouched truncation

雕刻器小面与毛坯长轴或中心轴基本平行，与其相交的截端修理边缘凹入。

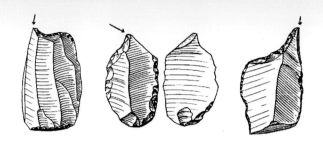

37.

凸刃截端雕刻器
Burin sur troncature retouchée convexe/Burin on a convex retouched truncation

雕刻器小面与毛坯长轴或中心轴基本平行，与其相交的截端修理边缘凸出。

38.

侧刃截端横刃雕刻器
Burin transversal sur troncature latèrale/Transverse burin on a lateral truncation

雕刻器小面与毛坯长轴或中心轴基本垂直，与其相交的侧边为截端修理边缘。

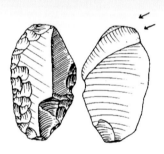

39.

凹缺横刃雕刻器
Burin transversal sur encoche/Transverse burin on a notch

以截端修理的凹缺刃为台面剥离雕刻器小片形成的横刃雕刻器（雕刻器小面与毛坯长轴或中心轴基本垂直）。

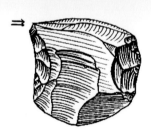

40.

复合截端雕刻器

Burin multiple sur troncature retouchée/Multiple burin on a retouched truncation

具有多个雕刻器刃口，形成刃口的方式可以是类型 34 ~ 39 的多种组合。

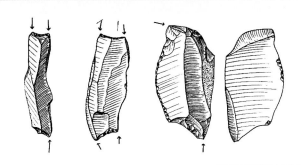

41.

混合刃雕刻器

Burin multiple mixte/Mixed multiple burin

具有多个雕刻器刃口，形成刃口的方式是交叉刃雕刻器（类型 27 ~ 29[①]）和截端毛坯雕刻器（类型 34 ~ 39）的混组。

42.

诺阿耶雕刻器

Burin de Noailles/Noailles burin

以截端修理者为毛坯的复合雕刻器，典型者通常以小而薄的石片或石叶为毛坯，雕刻器小片通常终止于特意修理的小型凹缺刃口。

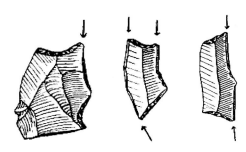

43.

石核雕刻器

Burin nucléiforme/Core burin

以石核为毛坯加工的雕刻器。

① 原文为类型 27~30，但类型 30 并非交叉刃雕刻器。

44.

平雕刻器
Burin plan/Flat burin

交叉刃雕刻器或者截端毛坯雕刻器，但剥离的雕刻器小片倾斜或几乎平行于毛坯腹面与背面相交的面或与毛坯腹面平行，毛坯为石片或石叶。

（五）琢背工具 (Outillage à bord abattu/Backed tools)

一边或多边具有近似垂直陡状修理（steep retouch）边缘的石片或石叶。

45.

琢背石刀（奥迪岩厦石刀）
Couteau à dos, type abri Audi/Backed knife, Abri Audi knife

毛坯为石片或宽石叶，一侧边由相对较短的修疤形成弯曲的背部。

46.

夏特尔贝龙石刀或尖状器
Couteau ou pointe de Châtelperron/Châtelperronian knife or point

毛坯为宽短的石叶或细长的石叶，通常在毛坯一侧陡状修理形成弯曲且较厚的侧缘，并与另一自然侧缘形成尖锐、倾斜（与毛坯中轴或长轴）的尖部[1]。

47.

不典型夏特尔贝龙尖状器
Pointe de Chatelperron atypique/Atypical Châtelperronian point

同类型 46，但背部修疤不连续，或修背薄锐，或尖部并非不对称或倾斜。

---

① 以法国阿列省（Allier）的夏特尔贝龙（Châtelperron）遗址命名，夏特尔贝龙文化通常被认为是欧洲旧石器时代中晚期过渡文化之一。

48.

格拉维特尖状器
Pointe de la Gravette/Gravettian point

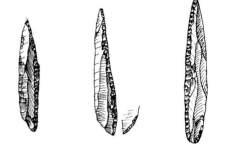

通常为具有非常锐利尖部的尖状器，毛坯为细长石叶，两侧边缘皆为陡状的修背，具有平直或者轻微弯曲的形态。通常在根部或尖部或两端同时具有补充修理，修理方向或为正向或为反向[①]。

49.

不典型格拉维特尖状器
Pointe de la Gravette atypique/Atypical Gravettian point

同类型 48，但是背部未完全修理，或石叶毛坯较宽，或修背薄锐。

50.

瓦尚尖状器
Pointe des Vachons/Vachons point

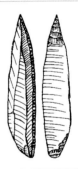

格拉维特尖状器（类型 48、49）的变体，但在远端和近端的腹面具有平远的修疤[②]。

51.

微型格拉维特尖状器
Microgravette/Microgravette point

小型的格拉维特尖状器（类型 48~50），毛坯通常为小的石叶（small blade）或者小石叶（bladelet）。

① 以法国多尔多涅省（Dordogne）的格拉维特（la Gravette）遗址命名，格拉维特文化为欧洲旧石器时代晚期文化之一。
② 以法国夏朗德省（Charente）的瓦尚（Les Vachons）遗址命名。

52.
丰伊夫尖状器
Pointe de Font-Yves/Font-Yves point

毛坯通常为窄小的石叶或者小石叶，具有短且半陡
状（semi-abrupt）修理的双侧边形成的尖部[1]。

53.
弓形修背工具
Pièce gibbeuse à bord abattu/Gibbous backed piece

一侧缘陡状修理形成修背，且其上有弓状的凸起。

54.
镖形器
Fléchette/Dart

近菱形叶状且具有短而陡状修理边的工具，修
理疤通常布满毛坯整个边缘，有时为交互修理
（alternating）。

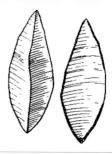

55.
带铤尖状器
Pointe à soie/Tanged point

---

[1] 以法国西南部科雷兹（Corrèze）省的丰伊夫（Font-Yves）遗址命名。

55-1.
佩里戈尔尖状器或拉封-罗伯特尖状器
Pointe à soie périgordienne, dite de la Font-Robert/Perigordian tanged point or Font-Robert point

具有轴向扩展且较长铤部的尖状器，铤部由（双侧）陡状或半陡状修理而成。尖部整体形状近菱形，有时为三角形，有时呈圆形，保留纵深修疤，有时为梭鲁特式修理，很少两面修理①。

55-2.
马格德林尖状器或泰雅尖状器
Pointe à soie magdalénienne, dite de Teyjat/Magdalenian point or Teyjat point

具有相对于整个器物长度而言铤较短的尖状器，铤部由（双侧）陡状错向修理而成，通常除铤以外的尖状器部分形态呈长三角形，侧边通常不修理，尖部有时被修理。

56.
佩里戈尔有肩尖状器
Pointe à cran périgordienne, didte atypique/Perigordian shouldered point or Aytpical shouldered point

一侧边具有相对明显陡状凹缺修理的尖状器，有时背面边缘部分经过修理，但非梭鲁特类型。

57·
有肩工具
Pièce à cran/Shouldered piece

一侧边具有陡状修理形成的肩部的石叶。

---

① 以法国旧省名佩里戈尔（Périgord）命名。

58.

完整琢背石叶
Lame à bord abattu total/Completely backed blade

一侧边（很少两侧边）连续陡状修理的石叶，石叶
远端不呈尖状。

59.

部分琢背石叶
Lame à bord abattu partiel/Partially backed blade

一侧边或者两侧边部分边缘陡状修理的石叶，石叶
远端不呈尖状。

（六）截端工具 (Pièce tronquées/Truncated pieces)

毛坯为石叶或石片，通过对毛坯端部陡状修理（有时为反向加工）将其横截而形成的工具类
型，根据截端刃缘与毛坯长轴的角度以及截端刃缘的形态可分为以下类型（60～63）：

60.

直截端工具
Pièce à troncature droite/Straight truncated piece

截端刃缘垂直于毛坯中心轴。

61.

斜截端工具
Pièce à troncature oblique/Obliquely truncated piece

截端刃缘倾斜于毛坯中心轴。

62.

凹截端工具
Pièce à troncature concave/Concave truncated piece

截端刃缘形状为凹入形。

63.

凸截端工具
Pièce à troncature convexe/Convex truncated piece

截端刃缘形状为凸出形。

64.

双截端工具
Pièce à double troncature ou bitronquée/Double truncated or bitruncated piece

毛坯为石叶或石片，具有两个截端刃口，每个截端刃口可以是类型60~63中的一种。简单截端的石叶或双截端工具有时具有平直或者稍微弯曲的陡状修理背缘，这些被称为截端部件（truncated elements）。当这些类型的石制品具有两个截端刃缘时，形态上与尺寸较大的几何形器类似，如矩形器（rectangle）或梯形器（trapezoid）（类型80~82）。（两端截端并且不符合类型60~64的可归入小石叶工具类型79~90）

（七）修理石叶 (Lames retouchées/Retouched blades)

侧边被大幅度修理的石叶，但保留有足够的石叶腹面和背面可以将其与石片相区别。

65.

单边连续修理石叶
Lames retouchées/Retouched blade

一侧边具有连续修理疤痕的石叶，非陡状修理疤（与类型 58、59 琢背石叶相区别）或半陡状、鳞状修理疤（与类型 67 奥瑞纳石叶相区别）。

66.

双边连续修理石叶
Pièce à retouches continues sur les deux bord/Piece with continuous retouch on two edges

两侧边具有连续修理疤的石叶。

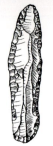

67.

奥瑞纳石叶
Lame aurignacienne/Aurignacian blade

毛坯为相对较宽的石叶，一侧缘，通常是两侧缘，皆具有宽且半陡状的鳞状修疤。远端修理多样化，但通常形态为尖状或抛物线状。当远端修理符合端刮器的特征时，该类型常被归入奥瑞纳端刮器（类型 6）。

68.

凹缺或束腰形奥瑞纳石叶
Lame aurignacienne à encoche ou étranglement/Notched or strangled Aurignacian blade

毛坯为宽厚的石叶，单侧边中部具有较宽的凹缺（凹缺奥瑞纳石叶）或者两侧边中部具有较宽的凹缺且两侧边凹缺大体对称（束腰形奥瑞纳石叶）。

（八）梭鲁特工具（Outils Solutréens/Solutrean tools）

具有特色鲜明的纵深（invasive）梭鲁特修疤的尖状工具。

69.

扁平尖状器
Pointe à face plane/Point with planar face

叶状，对称或不对称，有一个尖的（扁平尖状器，
Point with planar face）或钝的（叶状扁平尖状器，
Leaf point with planar face）端部，平远修疤（flat
retouch），通常为梭鲁特型修疤，修疤分布毛坯背
面（或首要修理面）的全部或者一部分，且经常集
中于底部、尖部或者沿一侧缘分布；少数情况下修
疤也分布于毛坯腹面的底部与尖部（该类型与下面
的叶状尖状器的区别在于腹面或少数情况下背面几
乎无修疤，横截面不对称）。

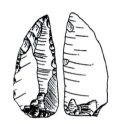

70.

桂叶形尖状器
Feuille de laurier/Laurel leaf point

叶状，器身两面通体或接近通体布满修疤，横截面
对称。修疤与侧缘垂直，平且接近贯通器物的表面，
修理方法为直接法或者间接法。这种修理常通过压
制修理达到规范化。

71.

柳叶形尖状器
Feuille de saule/Willow leaf point

长形叶状尖状器，横截面为半圆形，压制法修理，
修疤通常分布在背面或首要修理面，极少分布在
腹面。

72.
典型有肩尖状器或梭鲁特尖状器
Pointe à cran typique (Solutréene)/Typical shouldered point (Solutrean)

单侧边有肩尖状器，使用梭鲁特修理方式压制修理，修疤平且规整，有时为两面通体修理，有时修疤则不完全覆盖器物表面。

（九）杂类工具 (Pièce varies/Varied pieces)

73.
手镐
Pic/Pick

大型厚重工具或石核工具，横截面呈三角形或梯形，尖部粗壮，有时尖部因使用变得圆钝，底部厚且呈球状。

74.
凹缺器
Pièce à encoche/Notched piece

边缘带有修理缺口或者较深凹入修理刃口的石器，缺口在毛坯上的部位变异性大，不包含类型68。

75.
锯齿形器
Pièce denticulée/Denticulated piece

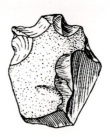

毛坯为石片、石叶或不完整石片，毛坯边缘有一系列连续或不连续修理而成的小凹缺。

76.
楔裂器
Pièce esquillée/Splintered piece

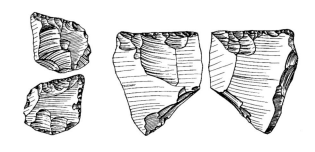

形状通常呈矩形或正方形，两端保留因砸击而形成
的石片疤，有时四端皆保留砸击疤（虽然此类型学
将之作为一石器类型，但其上疤痕形成的方式有所
争议，或为砸击剥片形成，或石片被用于楔裂物体
所形成）。

77.
边刮器
Racloir/Sidescraper

毛坯为石片或石叶，一侧边具有修理（单刃边刮器）
或两侧缘皆有修理（双刃边刮器），修理疤规则、
连续且为单面修理，修理边缘平面形态直、凸或凹，
且不呈凹缺或锯齿状。

78.
小边刮器或刮刀
Raclette/Small sidescraper

毛坯为小且薄的石片、不完整石片或石叶，具有近
平行的两个面。几乎所有边缘都保留有连续、短小
的陡状修疤（现在多数学者认为其与使用破损、踩
踏或其他埋藏过程有关）。

（十）小石叶工具、阿奇利尖状器 (Outillage lamellaire, Pointe azilienne/Bladelet tool，Azilian point)

几何形细石器（类型 79～83）（Pièces gèomètriques/Geometric pieces）

通常是以小型石叶断片或者小石叶为毛坯加工的小型工具，陡状修理使其呈一定的几何

形状（三角形、矩形、梯形、菱形、半月形等），但保留一边不修理，为毛坯自然边缘。

79.
三角形细石器
Triangle/Triangle

两个截端修理缘相交的几何形细石器，通常平面为
不等边三角形，有时具有锯齿状的边缘。

80.
矩形细石器
Rectangle/Rectangle

两端截端的小型石叶或者修背的小石叶，切割刃缘
有时有凹缺，极少的情况下会被加工。

81.
梯形细石器
Trapèze/Trapezoid

两截端修理刃缘倾斜汇聚型的几何形细石器，少见于
法国 [常见于西亚的后旧石器时代(Epipaleolithic)]。

82.
菱形细石器
Rhombe/Rhombus

两截端修理倾斜刃缘平行的几何形细石器，少见于
法国。

83.

半月形细石器
Segment de cercle/Segment of a circle

具有圆凸修背的几何形细石器，琢背延伸至整个长轴，少见于法国旧石器时代晚期。有些大型者可归为阿奇利尖状器（类型91）（常见于西亚的后旧石器晚时代末段的纳吐夫文化及非洲旧石器时代中期以来的石制品组合中）。

84.

截端小石叶
Lamelle tronquée/Truncated bladetet

一端或两端陡状修理形成截端刃缘的小石叶。

85.

琢背小石叶
Lamelle à dos/Backed bladelet

呈尖状或者钝尖状的小石叶，具有连续或部分陡状修理形成的修背，修理边缘可在一侧缘也可在两侧缘，但若两侧缘皆被修理，其中一边通常是非陡状修理的。

86.

截端琢背小石叶
Lamelle à dos tronquée/Truncated backed bladelet

一端为截端刃缘，一侧陡向连续修背的小石叶，少数情况截端出现在两端。

87.

锯齿刃琢背小石叶
Lamelle à dos denticulée/Denticulate backed bladelet

一侧边为连续陡状修理，另一侧边为连续或近连续
修理凹缺形成的锯齿刃。

88.

锯齿刃小石叶
Lamelle denticulée/Denticulate bladelet

一侧边或两侧边为连续或近连续的凹缺形成锯齿刃
的小石叶。

89.

凹缺小石叶
Lamelle à coches/Notched bladelet

侧边具有一个或多个小凹缺的小石叶，凹缺散布于
边缘且分布部位变异性大。

90.

杜福尔小石叶
Lamelle Dufour/Dufour bladelet

通常具有弯曲纵截面的小石叶，一侧缘单面（腹面
或背面）经过精细、连续的半陡状修理或两侧缘皆
经过修理。

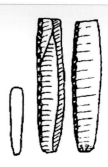

91.
阿奇利尖状器
Pointe azilienne/Azilian point

以石叶为毛坯修理的小尖状器，整体形态有时短宽，有时细长。具有通常弯曲、呈拱形或极少情况下平直的修背，两侧缘或一侧缘陡状修理，底部有时截端，偶尔呈半月形。

(十一) 其他工具 (Divers/Varia)

92.
其他不能归类到 1～91 的类型。

石制品来源地基本信息表

法 国			
遗址或地点名称	省	市镇 （以现在的行政区划为准）	石制品数量[①]
埃图维 (Montières Étouvy)	索姆 (Somme)	亚眠 (Amiens)	5
奥迪岩厦 (L'abri Audi)	多尔多涅 (Dordogne)	莱塞济 – 德塔亚克 – 锡勒伊 (Les Eyzies-de-Tayac-Sireuil)	1
巴德古勒 (Badegoule) *[②]	多尔多涅 (Dordogne)	勒拉尔丹–圣拉扎尔 (Le Lardin-Saint-Lazare)	1
邦德维尔 (Bondeville) *[③]	滨海塞纳 (Seine-Maritime)	邦德维尔圣母 (Norte-Dame-de-Bondeville)	2
布雷 (Chez Pourré) *	科雷兹 (Corrèze)	布里夫拉盖尔亚德 (Brive-la-Gaillarde)	28
蒂耶 (Le Tillet) *	萨瓦 (Savoie)	蒂耶河 (Tillet)	1
菲拉西 (La Ferrassie) *	多尔多涅 (Dordogne)	萨维尼亚克–德米尔蒙 (Savignac-de-Miremont)	16
菲兹詹姆斯 (Fitz James) *	瓦兹 (L'Oise)	菲兹 – 詹姆斯 (Fitz-James)	7
格拉维特 (La Gravette) *	多尔多涅 (Dordogne)	巴亚克 (Bayac)	2
古尔当 (Gourdan) *	上加龙 (Haute-Garonne)	古尔当 – 波利尼昂 (Gourdan-Polignan)	2
基纳 (La Quina) *	夏朗德 (Charente)	加尔德勒蓬塔鲁 (Gardes-le-Pontaroux)	6

① 石制品总数为 573 件，可明确来源的 534 件；标本上的标记可识别但未能确定来源的有 7 处，含 11 件石制品；无标记或标记无法识别的石制品 28 件。

② 加 * 者为本书收录的石制品涉及的遗址或者区域。

③ 石制品上标注为 Bondeville，应为邦德维尔圣母 (Norte-Dame-de-Bondeville) 市镇。

遗址或地点名称	省	市镇 （以现在的行政区划为准）	石制品数量
克罗马农 （Cro-magnon）	多尔多涅 （Dordogne）	莱塞济 – 德塔亚克 – 锡勒伊 （Les Eyzies-de-Tayac-Sireuil）	1
孔布卡佩勒 （Combe Capelle）*	多尔多涅 （Dordogne）	圣阿维尼赛约尔 （Saint-Avit-Sénieur）	12
拉卡姆 （Lacam）*	萨瓦 （Savoie）	格拉马市 （Gramat）	4
拉罗舍特 （La Rochette）*	多尔多涅 （Dordogne）	维泽尔河畔圣莱昂 （Saint Léon-sur-Vézère）	5
拉沙佩勒欧圣 （La Chapelle aux Saints）*	科雷兹 （Corrèze）	拉沙佩勒欧圣 （La Chapelle aux Saints）	9
拉谢兹 （La Chaise）*	夏朗德 （Charente）	武通 （Vouthon）	8
莱塞济 （Les Eyzies）*	多尔多涅 （Dordogne）	莱塞济–德塔亚克–锡勒伊 （Les Eyzies-de-Tayac-Sireuil）	15
勒普拉卡尔德 （Le Placard）*	夏朗德 （Charente）	维洛纳尔 （Vilhonneur）	7
洛热列沙洲 （Laugerie Basse）*	多尔多涅 （Dordogne）	莱塞济–德塔亚克–锡勒伊 （Les Eyzies-de-Tayac -Sireuil）	25
洛塞尔 （Laussel）*	多尔多涅 （Dordogne）	马尔凯 （Marquay）	7
马尔苏拉遗址 （Marsoulas）*	上加龙 （Haute-Garonne）	马尔苏拉市 （Marsoulas）	1
马格德林 （La Madeleine）*	多尔多涅 （Dordogne）	蒂尔萨克 （Tursac）	3
蒙捷 （Monthiers）*	埃纳 （Aisne）	蒂埃里堡 （Château-Thierry）	13
米寇克 （La Micoque）*	多尔多涅 （Dordogne）	莱塞济–德塔亚克–锡勒伊 （Les Eyzies-de-Tayac- Sireuil）	54
魔炉 （Le Fourneau du Diable）*	多尔多涅 （Dordogne）	布尔代耶 （Bourdeilles）	3
莫斯特 （Le Moustier）*	多尔多涅 （Dordogne）	维泽尔河畔圣莱昂 （Saint-Léon-sur-Vézère）	10
派尔–农–派尔 （Pair-non-Pair）*	吉伦特 （Gironde）	普里尼亚克–马尔康 （Prignac-et-Marcamps）	27
上洛热列 （Laugerie Haute）*	多尔多涅 （Dordogne）	莱塞济–德塔亚克–锡勒伊 （Les Eyzies-de-Tayac- Sireuil）	3
圣阿修尔 （Saint Acheul）*	索姆 （Somme）	亚眠 （Amiens）	9
圣日耳曼–德拉里维耶尔 （Saint-Germain-de-la-Rivière）*	吉伦特 （Gironde）	圣日耳曼–德拉里维耶尔 （Saint-Germain-de-la-Rivière）	19

遗址或地点名称	省	市镇 （以现在的行政区划为准）	石制品数量
伊斯蒂里兹洞穴 (Grottes d'Isturitz) *	大西洋比利牛斯 (Pyrénées-Atlantiques)	伊斯蒂里兹 (Isturitz)	6
造纸厂洞穴 (Grotte de la Papeterie)	夏朗德 (Charente)	皮穆瓦延 (Puymoyen)	1
*	安德尔–卢瓦尔 (Indre-et-Loire)	大普雷西尼 (Le Grand-Pressigny)	2
*	安德尔–卢瓦尔 (Indre-et-Loire)	圣莫尔 (Saint-Maur)	3
	滨海塞纳 (Seine-Maritime)	比奥雷勒 (Bihorel)	1
	滨海塞纳 (Seine-Maritime)	勒梅尼勒埃纳尔 (Le Mesnil-Esnard)	3
	多尔多涅 (Dordogne)	萨利尼亚克–埃维格 (Salignac-Eyvigues)	4
*	多尔多涅 (Dordogne)	塞尔亚克 (Sergeac)	54
	科雷兹 (Corrèze)	布里夫–拉盖亚尔德 (Brive-la-Gaillarde)	8
*	科雷兹 (Corrèze)	马勒莫尔 (Malemort)	7
*	卢瓦雷 (Loiret)	圣让勒布朗 (Saint Jean de Blanc)	6
*	马恩河谷 (Val-de-Marne)	犹太城 (Ville juif)	9
	索姆 (Somme)	阿布维尔 (Abbeville)	8
*	瓦兹 (L'Oise)	博韦 (Beauvais) ①	3
*	瓦兹 (L'Oise)	拉沃内勒 (Ravenel)	1
*	瓦兹 (L'Oise)	圣鞠斯特昂绍赛 (Saint-Just-en-Chaussée)	1
*	瓦兹 (L'Oise)		1
*	夏朗德 (Charente)	曼克斯–贡德维尔 (Mainxe-Gondeville)	6

① 石制品上标注为 Voisinlieu，现属于博韦 (Beauvais) 市镇。

遗址或地点名称	郡、区／自治市镇	村庄 （以现在的行政区划为准）	石制品数量
巴恩汉姆矿坑 （Barnham pit）	萨福克西北地区（Northwest Suffolk）、 圣埃德蒙兹贝里（St. Edmundsbury）	巴恩汉姆 （Barnham）	3
巴恩菲尔德矿坑 （Barnfield pit）*	肯特郡（Kent）、达特福德（Dartford）	斯旺司孔 （Swanscombe）	3
布拉姆福德矿坑 （Bramford pit）	萨福克郡（Suffolk）、中萨福克（Mid Suffolk）	布拉姆福德 （Bramford）	1
达姆斯登 （Darmsden）	萨福克郡（Suffolk）、中萨福克（Mid Suffolk）	达姆斯登 （Darmsden）	1
克罗默白垩区①	诺福克郡（Norfolk）、克罗默（Cromer）		4
皮尔当 （Piltdown）	东萨塞克斯郡（East Sussex）、威尔德（Wealden）	阿克菲尔德 （Uckfield）	5
皮尔森矿坑 （Pearson's pit）	肯特郡（Kent）、达特福德（Dartford）	斯旺司孔 （Swanscombe）	1
奇弗矿坑 （Chiver's pit）	汉普郡（Hampshire）、泰斯特河谷（Test Valley）	罗姆西 （Romsay）	10
瑞克森矿坑 （Rickson's pit）	肯特郡（Kent）、达特福德（Dartford）	斯旺司孔 （Swanscombe）	1
沃伦山 （Warren Hill）*	萨福克（Suffolk）、东盎格利亚（East Anglia）	米登霍尔 （Mildenhall）	4
	肯特郡（Kent）、达特福德（Dartford）	斯旺司孔 （Swanscombe）	3
*	肯特郡（Kent）、坎特伯雷（Canterbury）	斯特里 （Sturry）	4
	萨福克郡（Suffolk）、伊普斯威奇（Ipwich）		1

遗址或地点名称	省	市 （以现在的行政区划为准）	石制品数量
卡西特罗遗址 α 地点 （Castillo α）*	坎塔布里亚 （Cantabrie）	蓬特维耶斯戈 （Puente Viesgo）	21
卡西特罗遗址 β 地点 （Castillo β）*	坎塔布里亚 （Cantabrie）	蓬特维耶斯戈 （Puente Viesgo）	9
卡西特罗 （Castillo）*	坎塔布里亚 （Cantabrie）	蓬特维耶斯戈 （Puente Viesgo）	16

① 表文中先生的博士论文讨论人工制品与非人工制品的区别，因此搜集了不少冰川及河流改造过的燧石，其中多数收藏在中国科学院古脊椎动物与古人类研究所。此件标本上写明其来自英国东南的克罗默（Cromer）白垩区，可能并非人工制品，而是经河流改造的"曙石器"（eoliths）。

意大利			
遗址或地点名称	省	市镇 (以现在的行政区划为准)	石制品数量
格里马尔迪 (Grimaldi) *	利古里亚 (Liguria)	热那亚 (Genoa)	5

比利时			
遗址或地点名称	省	市 (以现在的行政区划为准)	石制品数量
埃卢什 (Élouges)	埃诺 (Hainaut)	杜尔 (Dour)	2
斯皮耶纳 (Spiennes) *	埃诺 (Hainaut)	蒙斯 (Mons)	8

私人收藏	
奥尔特·梅尼尔的私人收藏 (collection of Ault du Mesnil) *	2

来源未确定	
标本上的标记	石制品数量
Caillola	3
Eloweges reutelien	1
plateau de la Vienne	2
St. clar	2
St. Justrien	1
Tardé*	1
Vaile*	1

后
记

从着意编写《北京大学藏裴文中捐赠石器选粹》一书，到书稿完成经过了一年多的时间。如果从正式开始编写算起，也就半年有余。这一图录能够迅速成型，首先需要感谢北京大学考古文博学院院长沈睿文教授的大力推进，从联系出版社到具体的编写安排，沈院长都雷厉风行，使得本书的编写稳步推进，顺利完成。第二，本书的成型还得益于旧石器时代考古教研室和赛克勒考古与艺术博物馆前辈们的支持，黄蕴平教授支持并关心图录的编写；王幼平教授拨冗为本书撰写序言的同时，时常关注图录编写的进展，殷殷嘱托；曹宏老师费心为标本拍摄安排空间。第三，要感谢参加"石器表达——图像的方法与世界实践研讨会"诸位师友的鼓励，是他们的鼓励和帮助使得本书从想法变成了实践。第四，本书的完成更得益于多位学生的参与和协助，几位学生毕业后仍被"抓来"做了一些图片的整理和文字工作，在此感谢他们的付出。最后，本书的完成还要感谢文物出版社的李飐女士、谷雨女士和刘小放先生，是他们的辛勤劳动保证了此书的顺利出版。

本书收录石制品的整理由李锋和何嘉宁统筹；文物出版社刘小放老师拍摄了石制品的照片；张月书博士、沈柯、单佳璐等负责了石制品的数量统计、来源地确认，并协助文物出版社摄影老师拍摄石制品照片；拍摄后石制品的分类、尺寸测量及照片整理等工作由李锋、张月书、沈柯完成；导言由李锋撰写；附录1由沈柯翻译，李锋校改；附录2中的插图由全广、武进新、李怡晓整理；附录3由单佳璐、董华整理，李锋校改。旧石器时代考古教研室的同仁审阅了文稿。

本书的编写远比设想的要繁复，本以为有出版社的老师帮助拍照，我们的工作只是给照片排排顺序而已，然而这"排排顺序"却并不是件容易的事情。每件石制品的选择、定名，拍照后视图的选择，标本的排序等都颇费心力。在类型的确定上，拿不准的地方也确有不少，尤其是旧石器时代中期相关石制品的名称确定。我们选择标本的原则是尽量全面地反映这批石制品的情况，而不把标本选择的标准局限在精美程度上，故而本书也选择了不少简单的石片、残断的石制品等。本书展示的仅仅是裴文中院士捐赠的部分石器标本，未收录的标本中不乏典型且精美者。在最后成书的过程中，我们总有惶恐之感，担心本书呈现的内容不能反映裴文中院士捐赠标本的全貌，甚至还可能存在对一些石制品类型名称的误判。当然，我们也明白发表总是一种"遗憾"的事情，好在我们能够先把事情做起来，尽我们的努力将这批重要的石器标本呈现给大家，接受大家的指点和批评。因为批评即为思考，思考便能进步。后续我们也会选择适当的平台将这批标本更加全面地呈现给读者。

由于本书编写的时间相对较短，涉及的石制品来源又颇为繁杂，且采集时代久远，标本上的部分标记模糊不清，部分信息难以在短时间内一一确认，故而难免存在疏漏，敬请读者谅解。如读者在阅读过程中发现相关错误或不当之处，敬请告知（fengli@pku.edu.cn），以便将来我们进一步完善图录的内容。

李锋　何嘉宁　曲彤丽　冯玥